ALTHUSSER
E O DIREITO

PEDRO DAVOGLIO

ALTHUSSER
E O DIREITO

DIREÇÃO EDITORIAL:
Marlos Aurélio

CONSELHO EDITORIAL:
Fábio E. R. Silva
Márcio Fabri dos Anjos
Mauro Vilela
Ronaldo S. de Pádua

COORDENADOR DA SÉRIE:
Alysson Leandro Mascaro

COPIDESQUE E REVISÃO:
Luiz Filipe Armani
Pedro Paulo Rolim Assunção

DIAGRAMAÇÃO E CAPA:
Tatiana Alleoni Crivellari

ILUSTRAÇÃO DA CAPA:
Althusseriana
Gravura de Alysson Leandro Mascaro

Série Direito & Crítica

Todos os direitos em língua portuguesa, para o Brasil,
reservados à Editora Ideias & Letras, 2018.

1ª impressão

Rua Barão de Itapetininga, 274
República - São Paulo/SP
Cep: 01042-000 – (11) 3862-4831
Televendas: 0800 777 6004
vendas@ideiaseletras.com.br
www.ideiaseletras.com.br

Dados Internacionais de Catalogação na Publicação (CIP)
(Câmara Brasileira do Livro, SP, Brasil)

Althusser e o direito/Pedro Davoglio
São Paulo: Ideias & Letras, 2018.
Bibliografia.
ISBN 978-85-5580-046-7
1. Althusser, Louis, 1918-1990 2. Filosofia do direito
3. Humanismo 4. Marxismo
I. Mascaro, Alysson Leandro. II. Título. III. Série.

18-18901   CDU-34:32

Índice para catálogo sistemático:
1. Leitura althusseriana : Filosofia, Direito e política 34:32

SUMÁRIO

PREFÁCIO 7
APRESENTAÇÃO 13
INTRODUÇÃO 17

1. A CIÊNCIA MARXISTA E A FILOSOFIA COMO EPISTEMOLOGIA **25**
  1.1. O que são a filosofia e a ciência marxistas? 30
  1.2. Filosofia e leitura sintomal 31
  1.3. A especificidade da ciência marxista da história 40
    1.3.1. Objeto real e objeto de conhecimento: o antiempirismo marxiano 41
    1.3.2. Um todo complexo determinado em última instância: a antiteleologia 48
  1.4. Os problemas da relação entre ciência e ideologia 56
  1.5. A relação entre ciência e ideologia 56
  1.6. A relação entre ciência e ideologia teórica 59
    1.6.1. O desvio especulativo 59
    1.6.2. O desvio racionalista 60
  1.7. Crítica "epistemológica" em ato 63
    1.7.1. A-historicismo 64
    1.7.2. A-humanismo 67

2. FILOSOFIA, CIÊNCIA, POLÍTICA — 71
2.1. A relação entre a filosofia e a ciência — 77
2.2. A relação entre a filosofia e a política — 83
2.3. Filosofia, ciência, política, ideologia — 85
    2.3.1. Tomada de poder na teoria — 85
    2.3.2. Tomada de poder na prática — 93
2.4. Contra a teoria do conhecimento — 97
2.5. Para uma nova prática da filosofia — 102

3. O ANTI-HUMANISMO TEÓRICO E A IDEOLOGIA BURGUESA NO PODER — 115
3.1. Periodizando o jovem Marx — 116
3.2. A ideologia religiosa no poder — 135
3.3. A ideologia jurídica no poder — 139
    3.3.1. Uma resposta a John Lewis — 140
    3.3.2. A crítica do culto da personalidade e o efeito John Lewis — 146

4. IDEOLOGIA, DIREITO E REPRODUÇÃO SOCIAL — 155
4.1. Um novo ponto de vista sobre o sujeito — 155
4.2. O lugar da ideologia no modo de produção capitalista — 159
4.3. O aparelho jurídico como aparelho ideológico de Estado — 166
4.4. A legalidade ou *"um sistema de regras* codificadas" e o lado de fora do direito — 172
4.5. A ideologia em geral e a ideologia jurídica — 180
    4.5.1 A ideologia como reflexo e o inconsciente — 181
    4.5.2 A materialidade da ideologia e a interpelação — 188
    4.5.3 A eternidade da ideologia e a especificidade da categoria de sujeito — 196
4.6. Relação jurídica, ideologia jurídica, aparelho jurídico, legalidade jurídica e interpretação jurídica — 206

CONCLUSÃO — 209
REFERÊNCIAS — 213

PREFÁCIO

No entrecruzamento da renovação teórica do marxismo com a hecatombe da experiência soviética, Althusser é o marco decisivo da filosofia marxista das últimas décadas. Quando o esgotamento do marxismo dito "ocidental", de algum modo ambientado dentro das universidades e em círculos intelectuais, se ombreou com o já desprestigiado marxismo de tipo soviético, sustentado pelos partidos comunistas oficiais, Althusser surgiu como uma inovadora abertura de horizontes. Em sua proposição, o marxismo se perfazia na luta de classes, direcionado inexoravelmente ao socialismo, sem os confortos da já então dominante crítica reformista ou resignada ao capitalismo e, também, sem o alinhamento automático às posições e linhas partidárias esclerosadas. O pensamento althusseriano descortina instigantes proposições teóricas, científicas e filosóficas, em busca de forjar novos passos na luta social. A teoria importa; o conhecimento não é caudatário das estratégias do tempo: há luta de classes também na teoria.

O ambiente francês da década de 1960 conheceu um conjunto de intelectuais que, por variados campos, revolucionavam o saber do século XX. De Lévi-Strauss na antropologia a Jacques Lacan na psicanálise, de Gaston Bachelard na epistemologia a Georges Canguilhem na saúde e a Michel Foucault em tantos desses temas, as estruturas sociais entraram em cena, derrubando os voluntarismos subjetivistas e/ ou as brumas existencialistas até então em voga no cenário intelectual europeu. Tal círculo, próximo de Louis Althusser, encontrou da parte deste a contrapartida marxista: a volta a *O Capital* de Marx é também a descoberta de um processo de determinações estruturais da mercadoria, cuja sociabilidade geral se faz pelas costas da vontade dos indivíduos, embora a mercadoria só circule pelos próprios sujeitos e suas vontades.

A inovação do pensamento de Althusser, o último grande teórico do marxismo do século XX, é, até hoje, ainda não totalmente conhecida ou explorada, além de ser, por outros, bastante combatida. Em *Althusser e o Direito*, Pedro Davoglio reconstrói os caminhos do pensamento althusseriano, delineando suas descobertas, suas fases e suas contribuições. Junto com isso, demonstra também seus dissensos; sua novidade representava, para muitos, algo de inaceitável em face de velhas interpretações sobre a dialética e sobre as estratégias políticas das esquerdas. Para Althusser, o marxismo não seria um outro olhar sobre os fenômenos históricos (como se se tratasse de perspectivas de entendimento de mundo, o trabalhador com um ângulo distinto daquele do burguês), mas sim, uma ciência da historicidade. Marx descobre um continente do saber científico, o continente-história, tal qual os gregos antigos descobriram o continente-matemática e os modernos o continente-física.

Levanta-se, nesse contexto, uma série de ferramentas teóricas fundamentais para dar conta de compreender a sociabilidade capitalista de modo científico. Althusser propõe, para tanto, a volta aos textos de Marx, em especial ao seu momento maduro, em *O Capital*. Aponta uma distinção decisiva entre o jovem Marx, ainda preso a categorias humanistas, e o Marx da maturidade, que descobre as bases científicas da sociabilidade capitalista, como os conceitos de forma mercadoria, forma valor, mais-valor etc. Aqui, então, bebendo das fontes de Bachelard, Althusser lança mão da ferramenta do corte epistemológico: é preciso ler Marx não como um escritor de ideias já prontas quando jovem; suas idas e vindas, dificuldades e rupturas são fundamentais para que, em determinado momento, alcançasse sua novidade científica. Ainda no mesmo diapasão, Althusser propõe outra inovação, a leitura sintomal. Um texto não revela apenas aquilo que explicitamente suas palavras expõem. Há discursos ocultos, contraposições não declaradas. Tal qual a psicanálise interpreta o não dito, tendo-o em alta conta para a analítica, também a filosofia há de ler no texto o seu sintoma.

Todo o corpo teórico althusseriano apresenta, como ponto nodal, a relação entre a reprodução social capitalista e a *ideologia*. Neste campo, Althusser é o mais importante pensador da história do marxismo. Rompe com uma fácil associação da ideologia com o negativo, com a distorção, com uma falsa consciência, para em seu lugar propor sua compreensão em positivo. A ideologia é constituinte da subjetividade e das relações concretas. Não se trata de dizer que, no capitalismo, a verdade está escondida, cabendo então à classe trabalhadora desaliená-la ou desalienar-se. Não há uma essência da verdade. Há, antes, uma produção das verdades, em positivo, por meio de práticas e aparelhos ideológicos. Com isso, Althusser demonstra o grau de materialidade da ideologia e a imensidão da luta nesse setor. Ainda mais, Althusser procede a um deslocamento do espaço da ideologia no sujeito, não mais como voluntarismo de adesão a ideários políticos, de mundo ou de vida, mas como inconsciente. A ideologia não é consciente nem opcional ao sujeito. São as práticas que geram a ideologia, num processo efetivamente material, coercitivo, determinante, criando a própria vontade dos sujeitos. Está então, no mais alto do pensamento de Althusser, uma sofisticada articulação teórica entre psicanálise, ideologia e capitalismo.

Pedro Davoglio, neste livro, além de sistematizar as descobertas althusserianas sobre a ideologia, articula ainda outros contributos particulares ao tema. É no *direito* que ancorará tais proposições, avançando com muita atualidade e pertinácia num movimento que, já no imediato entorno do círculo althusseriano na França, na década de 1970, em especial com Bernard Edelman e Nicole-Edith Thévenin, percebia o papel central do direito na compreensão de Althusser acerca da ideologia. No capitalismo, a subjetividade, de modo inexorável, está atrelada à subjetividade jurídica. Aqui é possível e necessário o emparelhamento com as ideias de Pachukanis, que pioneiramente, já na década de 1920, em *Teoria Geral do Direito e Marxismo*, apontava para o vínculo intrínseco entre forma mercantil e forma de subjetividade jurídica. Tal estrada, no Brasil, é retomada pioneiramente por Márcio Bilharinho Naves.

Este livro de Davoglio, ao se ocupar da associação direta entre o ideológico e o jurídico, alcança até mesmo as questões basilares do pensamento de Althusser: de algum modo, a epistemologia é um garantidor "jurídico" da verdade do conhecimento, sendo incontornável, então, sua crítica. Todas as leituras de humanismo teórico – o indivíduo, sua existência, seus cuidados, sua dignidade, sua pretensa medida de todas as coisas – são correlatas da prática do direito. O Marx da maturidade, ao romper com esse humanismo teórico, assenta a materialidade da subjetividade na mercadoria e na valorização do valor, de tal sorte que daí se desvenda como a juridicidade é central à reprodução do modo de produção. Para a equivalência de tudo e todos, as mercadorias perpassam e são perpassadas por sujeitos de direito livres e iguais. Davoglio ainda ressalta uma possível mudança no itinerário althusseriano acerca da relação entre ideologia prática e humanismo teórico: num primeiro momento, Althusser depositaria ênfase na religião como sendo sua âncora; num segundo momento, retificaria suas próprias posições, ao descobrir o direito como sendo a base de tal relação.

Além disso, neste livro, quando se ocupa do direito na reprodução do modo de produção capitalista, Davoglio faz avançar o debate sobre a ideologia jurídica propondo uma leitura acerca da própria identificação do fenômeno do direito. Ressaltam-se, aqui, suas elaborações sobre a relação jurídica, a ideologia jurídica, o aparelho de Estado jurídico e a legalidade jurídica. Nesse cipoal de derivações e entrecruzamentos de formas – e de conformações delas, nos termos que proponho em *Estado e Forma Política* – amplia-se o escopo de reflexões críticas sobre a forma jurídica e a forma política estatal e suas relações com a subjetividade, a ideologia e a sociabilidade capitalista.

Pedro Davoglio apresenta, com esta obra, uma reflexão fina e atualizada acerca dos mais importantes debates marxistas havidos nestas últimas décadas. Ressalta-se o mérito tanto de resgatar e sistematizar com perícia o pensamento de Althusser quanto de propor-lhe novos horizontes e chaves de interpretação. De há muito acompanho a trajetória acadêmica e teórica de Davoglio, desde quando veio de Santa Catarina para comigo estudar em São Paulo em sua pós-graduação, a quem orientei tanto em seu Mestrado, que deu base ao presente livro, quanto em seu Doutorado. Alegro-me em ver, em todos esses anos, sua notável capacidade intelectual e sua dedicação ao avanço do conhecimento, sua fidelidade aos horizontes críticos e sua especial amizade. Jurista, pesquisador, professor e tradutor de envergadura, Davoglio desponta como nome incontornável da nova geração de intelectuais brasileiros.

Tem o leitor, aqui, texto fundamental para poder pegar nosso tempo nas mãos e avançar, com exímia mira, na crítica e na luta.

São Paulo, 2018.

Alysson Leandro Mascaro
Professor da Faculdade de Direito da USP

APRESENTAÇÃO

Uma versão preliminar deste texto foi apresentada como dissertação de mestrado junto ao Programa de Pós-Graduação em Direito Político e Econômico da Universidade Presbiteriana Mackenzie. O trabalho fez parte de um projeto mais amplo de sistematização da questão jurídica na obra de filósofos marxistas, idealizado e coordenado por Alysson Leandro Mascaro, sendo que alguns de seus resultados, inclusive, já foram publicados nesta mesma série de livros. Com isso em mente, procurei identificar os pontos da obra de Louis Althusser nos quais o direito cumpria papel decisivo. Cheguei à conclusão de que, em sua filosofia, três argumentos gerais dependem da crítica jurídica para sua sustentação: a crítica da redução da filosofia à epistemologia, realizada a partir de 1967, na qual se denuncia um expediente de "garantia" da verdade científica com base em um sistema decisório análogo ao jurídico; a correlação entre o anti-humanismo teórico, pedra de toque da filosofia do autor, e a ideologia prática jurídica; e a identificação de um papel nuclear ao direito no esquema de reprodução ampliada do modo de produção capitalista. Tendo revisado todo o material disponível sobre o assunto, acredito que a abordagem aqui apresentada e o desenvolvimento dos temas são originais e de interesse aos pesquisadores de filosofia, filosofia do direito e sobretudo da obra de Althusser. Além dessa tarefa prioritária, procurei também cobrir alguns debates que, não dizendo respeito diretamente ao direito, cumprem função-chave na obra desse pensador, na expectativa de que este livro possa servir igualmente àqueles que desejem ter uma visão panorâmica de seus escritos – embora tenha optado por excluir seus textos políticos mais tardios. Aqui, tomei partido de uma interpretação que compreende haver relativa continuidade entre as obras iniciais e as mais tardias, ponto que tem sido desenvolvido por diversos pesquisadores mais contemporâneos, num contexto de redescoberta dos textos althusserianos.

Aproveito ainda para registrar que a pesquisa aqui apresentada contou com financiamento da Coordenação de Aperfeiçoamento de Pessoal de Nível Superior (CAPES). Além disso, gostaria de agradecer a diversas pessoas que contribuíram para que este livro fosse possível. Na banca, recebi inestimáveis críticas dos professores Camilo Onoda Luiz Caldas e Silvio Luiz de Almeida, as quais fiz o possível para incorporar a esta versão. Contei também com todo o apoio, debates e direcionamento de meu orientador Alysson Leandro Mascaro, organizador da série, cuja contribuição para a concepção e desenvolvimento desta pesquisa são impossíveis de registrar. No "Grupo de estudos althusserianos" do Cemarx, Unicamp, junto aos camaradas Antoin Abou Khalil, Celso Naoto Kashiura Jr., Diego Lanciote, Fabio Ramos Barbosa Filho, Gabriel Furquim, Giovana Labigalini, Guilherme Adorno, Juliana Paula Magalhães, Leandro Forner, Marcos Alcyr B. Oliveira, Márcio Bilharinho Naves, Mariana Sabença e Vinícius Leardini Gonzaga tive um ambiente de profunda troca teórica e referência de rigor acadêmico. Agradeço a Allan M. Hillani, Glenda Vicenzi, Luiz Roque Miranda Cardia e Moisés Alves Soares por lerem partes dos rascunhos deste livro e pela interlocução quase diária. Aos colegas de pesquisa Adriano Camargo Barbosa dos Santos, Alessandra Devulsky, Daniel Fabre, Danielle Ortiz Blanchard, Edvaldo Santos, Jonathan Erkert, Lucas Balconi, Luciana Genro, Luiz Felipe Osório, Luiz Sibahi, Marcelo Gomes Franco Grillo, Thaís Hoshika, Thiago Kuhl, Victor Barau, Walter Andrade. Aos amigos Álvaro Henrique Sarto Camões Vieito Padilha, Amanda Salgado, Augusto Almudin, Beatriz Momente Miquelin, Beatriz Sakuma Narita, Chris Shoihi, Cláudia Linhares, Daniela Fabrasile, Felipe Pedroso, Fernando Cunha Lima, Daniela Monzani, Isabella Lofrano, Irene Maestro Sarrion dos Santos Guimarães, Josi Biondo, Letícia Garducci, Luís Marçal Roriz Dias, Luísa Luz, Luísa Harumi Visconti Kono, Luiz Ismael Pereira, Mariana Cavichiolli Almeida, Mariana Chies Santiago Santos, Matheus Pacheco, Rachel Taveira, Renato Zaccaro, Ricardo Begosso e Vitor Alexandre de Oliveira Moraes, por todo o apoio e companheirismo ao longo da pesquisa, da escrita e depois. Aos amigos Bruna Nesi, Carolina Duarte Zambonato, Clarissa Medeiros Cardoso, Eduardo Granzotto Mello, Felipe Dutra Demetri, Fernando José Caldeira Bastos Neto, Junia Botkowski, Luana Maria Rotolo, Marcel Soares de Souza, Marina Delgado Caume, Marina Straginski Carmona, Paula Nesi, Priscilla Silva, Rafael Cataneo Becker e Victor Porto Cândido. Aos meus pais, Adalberto Antônio Davoglio e Lisane Zini Davoglio, pela força do exemplo e por acreditarem no caminho que tornou este livro possível. E ao meu irmão João Luís Zini Davoglio. À Manuela Peixoto Pena Barbosa, pelo estímulo na contraditória fase de revisão, pelo apoio indescritível, mas especialmente por uma conversa que me fez perceber que este livro valia a pena. À Mariana Versolato, que também foi parte deste trabalho. Agradeço, por fim, a todos os integrantes da Editora Ideias & Letras pelo empenho, apoio e paciência.

INTRODUÇÃO

A pessoa que vos fala é, como todo o resto de nós, apenas um efeito estrutural particular desta conjuntura, um efeito que, como todos e cada um de nós, tem um nome próprio. A conjuntura que nos domina produziu um efeito-Althusser (...) (Louis Althusser, A Conjuntura Filosófica e a Pesquisa Teórica Marxista).

Louis Althusser foi um filósofo marxista e militante político nascido em Birmandreis, Argélia, em 16 de outubro de 1918 e falecido em Paris, em 22 de outubro de 1990.[1] Com 11 anos mudou-se para a França com sua família, após seu pai assumir a presidência de um banco em Marselha. Seu desempenho escolar foi extraordinário, tendo sido considerado "aluno modelo" em toda a fase escolar. Como resultado disso, foi aceito, em 1939, para cursar filosofia na prestigiosa École Normale Supérieure (ENS) – instituição na qual lecionaria praticamente até o fim da vida. No mesmo ano, foi capturado pelo exército nazista e levado a um campo de concentração, onde permaneceu até 1945. De volta à ENS em 1945, graduou-se em 1948 com uma tese sobre Hegel, sob a orientação

---

[1] As informações biográficas foram extraídas de BOUTANG, Yann-Moulier. *Althusser: Une Biographie*. Paris: Bernard Grasset, 1992, 2 t.

do filósofo Gastón Bachelard. Ainda em 1948 foi integrado ao corpo docente da instituição, onde passou a exercer grande influência política e intelectual.

Althusser foi militante do movimento da juventude católica, ao qual se filiou em 1937 e com o qual esteve vigorosamente engajado. Distanciou-se da fé católica em 1943. No campo de concentração aproximou-se de militantes do Partido Comunista Francês (PCF), e filiou-se ao partido em 1948, mesmo ano de sua titulação em filosofia. Fontes menos confiáveis informam que sofreu de surtos psiquiátricos durante seu período cativo, sendo certo que já em 1948 foi diagnosticado com "psicose-maníaco-depressiva". Sofreu a vida toda com enfermidades mentais, tendo vivido num quarto junto à enfermaria da ENS por décadas, de onde saía com relativa frequência para períodos de internação psiquiátrica. Sua vida se confundiu de tal modo com tais episódios de sofrimento mental, que o autor pôde pretender que sua autobiografia fosse uma contribuição à *História da Loucura* de Foucault do ponto de vista do próprio louco.[2] Por conta disso, deixou inúmeros livros inacabados, sendo que a ampla maioria de sua obra publicada é composta por textos curtos, finalizados nos períodos entre os surtos.

No PCF, que era alinhado à URSS, Althusser manteve sempre posição minoritária, tendo sido defensor de primeira hora da Revolução Cultural Chinesa, pela qual advogou em texto anônimo já em 1966. Além disso, segundo Motta,[3] foi o primeiro filósofo do dito "marxismo ocidental" a incorporar teorias de Mao Tse-Tung em sua reflexão teórica. Opondo-se ao mesmo tempo ao "oficialismo" do PCF e ao que chamou de "humanismo teórico" marxista, sua posição esteve em rota de

---

2 ALTHUSSER, Louis. *O Futuro Dura Muito Tempo*. São Paulo: Companhia das Letras, 1993, p. 34.
3 MOTTA, Luiz Eduardo. *A Favor de Althusser: Revolução e Ruptura na Teoria Marxista*. Rio de Janeiro: Gramma, 2014, p. 13.

colisão com todo o marxismo francês de sua época,⁴ o que o fez representar uma alternativa inovadora tanto teórica quanto politicamente. Atraiu atenção mundial para sua interpretação do marxismo no ano de 1965, com a publicação de *Por Marx* e *Ler O Capital*. Suspensa entre a linha do PCF pós-XX Congresso do Partido Comunista da União Soviética (PCUS) e a renovação humanista do marxismo europeu, portanto, sua obra foi o resultado, o "efeito", de uma conjuntura ideológica, teórica e, sobretudo, política. Se por um lado, setores revolucionários persistiram sustentando se não tanto a justeza, ao menos a inevitabilidade dos caminhos soviéticos; por outro, diversas correntes de esquerda, ligadas ou não ao movimento operário internacional, experimentaram um giro socialdemocrata, mobilizando os aparatos teóricos fornecidos pela obra marxiana de juventude para operar uma "revisão" liberalizante da teoria marxista. Althusser representou, nesse contexto, o nome próprio de uma proposta de reconstrução do marxismo a partir de um novo começo,⁵ de uma tentativa de solucionar, na vertigem do dia, a crise vivida pelo movimento comunista da segunda metade do século XX e pela sua teoria revolucionária. Sua preocupação, às vezes velada, às vezes explícita, era a de fomentar uma alternativa teórica e política tanto ao dogmatismo oficial da época, seus subprodutos e desdobramentos, quanto à reação ideológica de tendência liberal e socialdemocrata que se avolumava – que considerava expressões antagônicas de uma mesma aporia no seio do marxismo realmente existente. Tratava-se para ele, portanto, de superar "uma dupla

---

4 Cf. LEWIS, William. *Louis Althusser and the Traditions of French Marxism*. Nova Iorque: Lexington, 2005.
5 Alain Badiou, em célebre artigo, referiu-se à proposta althusseriana como um "(Re) começo do materialismo dialético". BADIOU, Alain. O (Re)Começo Do Materialismo Dialético. In: ALTHUSSER, Louis; BADIOU, Alain. *Materialismo Histórico e Materialismo Dialético*. São Paulo: Global, 1979.

impotência": "impotência de pensar na especificidade da teoria marxista, confundida com uma ideologia pré-marxista; [e] a impotência de resolver os problemas reais (econômicos e políticos) propostos pela conjuntura pós-stalinista".[6] Em vista disso, seu trabalho de "retorno a Marx" tinha como primeiro escopo "traçar uma linha de demarcação" entre a ciência (marxista) da história e outras tendências ideológicas estranhas a ela – voluntarismo, empirismo, pragmatismo, historicismo –, que estariam na base tanto do "marxismo oficial" quanto do humanismo socialista, captando, nisso, a "lógica profunda" das teorizações marxianas para, paralelamente, reposicionar seus significados, extrair seus potenciais, descartar e problematizar suas limitações e, afinal, derrubar as cercas que inviabilizavam uma vida efetivamente produtiva no interior do que chamou de "o continente História". Tratava-se, portanto, de ir à fonte buscar a inspiração radicalmente crítica que teria feito de Marx um evento histórico em sentido forte.

Tal retorno, que procurou edificar a teoria marxista sobre um novo patamar, teve como pedra de toque, além da retomada das aquisições incontornáveis do sistema teórico marxiano, a construção de uma inédita teoria da ideologia, que objetivava solucionar os impasses gerados pela concepção preponderantemente empirista do tema que estaria presente nos clássicos e, sobretudo, em sua recepção, a partir da incorporação das críticas empreendidas pela filosofia da ciência e pela psicanálise francesas da época. Este caminho, conforme indica Sampedro, bifurcou-se para abranger dois campos correlatos de pesquisa: o primeiro, de uma espécie de epistemologia, da ideologia *teórica* como o Outro da ciência; e o segundo, da ideologia "contemplada desde a sua vertente *prática*, (...) como imaginário necessário

---

6 ALTHUSSER, Louis. *Análise Crítica da Teoria Marxista*. Rio de Janeiro: Jorge Zahar, 1967, p. 7.

para a conformação e a percepção social da realidade"⁷ pelos agentes históricos.⁸

O objetivo prioritário desta obra será, portanto, analisar esses dois momentos da teoria althusseriana da ideologia – como ideologia "teórica" e como ideologia "prática" – em correlação com as problemáticas do jurídico, do sujeito e da subjetividade que a ela se conectam. Pode ser surpreendente a alguns notar como a reflexão a respeito do direito é estruturante do pensamento althusseriano, estando presente em pontos decisivos de seu desenvolvimento teórico. Por outro lado, não é possível dizer que o autor tenha se preocupado em sistematizá-lo como objeto prioritário de sua reflexão. Nesse sentido, Althusser não é um *filósofo do direito*, mas antes um filósofo que tem muito a dizer sobre o direito.

Trata-se aqui, portanto, de procurar no seio daquilo que Kaplan e Sprinker denominaram "o legado althusseriano",⁹ um novo fôlego para o marxismo e para a crítica estrutural do direito num momento histórico renovado. Pois, se formos fiéis à proposição althusseriana da relação indissociável entre pensamento e conjuntura que fez com que se encantasse profundamente pela obra de Maquiavel, estaremos inclinados a sustentar que é possível encontrar um novo Althusser na permanência intempestiva dos efeitos de seus textos que resistem em não

---

7 SAMPEDRO, Francisco. A Teoria da Ideologia em Althusser. In: NAVES, Márcio Bilharinho (Org.). *Presença de Althusser*. Campinas: Instituto de Filosofia e Ciências Humanas/Unicamp, 2010, p. 32.
8 Essa divisão, a bem da verdade, está explicitamente teorizada em *Filosofia e Filosofia Espontânea dos Cientistas*, embora a articulação dos termos seja ainda provisória. A definição de ideologia prática está "permanentemente" assentada: "As *ideologias práticas* são formações complexas de montagens de noções-representações-imagens nos comportamentos-condutas-atitudes-gestos. O conjunto funciona como normas práticas que governam a atitude e a tomada de posição concreta dos homens em relação a objetos reais e problemas reais da sua existência social e individual, e da sua história" (p. 30); enquanto a de ideologia teórica não aparece positivamente de maneira clara, uma vez que o texto indicado cuida de uma fase de transição do estatuto da própria filosofia. Veremos isso em detalhe mais adiante.
9 KAPLAN, Ann; SPRINKER, Michael (Org.). *The Althusserian Legacy*. Londres: Verso, 1993.

envelhecer. A prova disso está não só na vitalidade do pensamento dito pós-althusseriano, que ocupa maciçamente os estudos literários e de crítica da ideologia contemporâneos,[10] mas, sobretudo, na proficuidade do campo de estudos que tem a obra do próprio Althusser, incluindo aí com um peso decisivo seus textos póstumos, como objeto prioritário. Aqui, o espaço ocupado por revistas como *Décalages, Borderlands, Youkali, Demarcaciones, Crisis and Critique, Rethinking Marxism* e o sem número de coletâneas, que não cessam de interrogar sob enfoques originais os "velhos" temas e textos, são um índice da potência de pensamento que advém ininterruptamente deste projeto de refundação da teoria revolucionária.

No que a isso concerne, a presente obra inscreve-se, modestamente e na medida das suas forças, no movimento de redescoberta e sistematização da crítica althusseriana. Como se sabe, nos anos recentes uma crítica do direito de inspiração althusseriana diversificada tem adquirido prestígio no Brasil, a partir principalmente de *Direito e Marxismo* de Márcio Bilharinho Naves, mas também de *Estado e Forma Política* de Alysson Mascaro e *Crítica da Igualdade Jurídica* e *Sujeito de Direito e Capitalismo* de Celso Naoto Kashiura Jr., bem como considerável número de artigos em diversas revistas – deixo aqui, por economia textual, de mencionar as contribuições de um grande número de autores de outras áreas. Entretanto, nenhuma dessas obras se propôs a avaliar sistematicamente a obra althusseriana de uma perspectiva do jurídico, de modo que nelas a recepção do pensamento do autor funciona principalmente como ponto de apoio para uma interpretação das obras de Marx e sobretudo de Pachukanis. Nesse sentido, gostaria que o

---

10 Para um inventário de sua influência contemporânea, ver MOTTA, Luiz Eduardo. *A Favor de Althusser. Revolução e Ruptura na Teoria Marxista*. Rio de Janeiro: Gramma, 2014, além de "Materiais para Pesquisa sobre o Marxismo Althusseriano". In: PINHEIRO, Jair (Org.). *Ler Althusser*. Marília, São Paulo: Oficina Universitária/Cultura Acadêmica, 2016, p. 235-261.

presente livro pudesse representar uma visão panorâmica a respeito deste inaudito que permeia de modos desiguais essas que são, até agora, as obras mais vitais da crítica radical ao direito em nosso país.

Com isso, mesmo sem abordar tais obras detidamente, espero tornar possível que se meça a importância de Althusser nessa revitalização, que se perceba quais aportes fornecidos pela sua teoria ainda não foram explorados, ressaltando também alguns pontos em que suas posições se exauriram. Apesar de minha perspectiva, no geral, favorável aos resultados do empreendimento teórico althusseriano, tenho a pretensão de que este livro, ao esclarecer uma série de liames internos entre a crítica filosófica e a crítica jurídica de Althusser, ajude a fomentar os embates de que a crítica marxista do direito no Brasil tanto precisa. O presente texto é uma versão reelaborada da dissertação que escrevi durante o meu mestrado junto ao Programa de Pós-Graduação em Direito Político e Econômico da Universidade Presbiteriana Mackenzie. Por isso, ao lançar este texto ao mundo, espero que ele possa continuar gerando efeitos.

1
A CIÊNCIA MARXISTA E A FILOSOFIA COMO EPISTEMOLOGIA

> *Não demos a Marx a melhor filosofia que convinha à sua obra. Lhe demos uma filosofia dominada pelo 'ar do tempo', de inspiração bachelardiana e estruturalista que, ainda que desse conta de uma série de aspectos do pensamento de Marx, não creio que pudesse ser chamada de uma filosofia marxista. (Althusser, Marxismo e Filosofia)*

Nas primeiras obras por meio das quais Althusser "faz falar de si no mundo inteiro",[1] é possível notar com tintas bastante carregadas a influência do historiador das ciências Gaston Bachelard, embora possa haver entre ambos, conforme indica Balibar, uma série de "falsos reconhecimentos",[2] que dificultariam estabelecer uma correlação sistemática. Althusser realiza tal aproximação para *elaborar uma filosofia* como Teoria geral

---

1 EVANGELISTA, Walter José. Althusser e a Psicanálise. In: ALTHUSSER, Louis. *Freud e Lacan. Marx e Freud.* Rio de Janeiro: Editora Graal, 1991, p. 25.
2 BALIBAR, Étienne. From Bachelard to Althusser: The Concept of the Epistemological Break. *Economy and Society*, 7, 3, 1978, p. 208.

das práticas teóricas[3] que seja fundada na descontinuidade e no caráter não linear dos avanços científicos, sob uma articulação tensa entre verdade e erro.[4] Esta oposição é operada em seus termos mais gerais nos dois autores por meio do conceito bachelardiano de "corte epistemológico",[5] "trabalho de transformação teórica específico (...) que funda uma ciência destacando-a da ideologia de seu passado, e revelando esse passado como ideológico".[6] Tal conceito, não obstante, só pode adquirir o significado claro que lhe é atribuído por uma epistemologia histórica quando correlacionado com o de "problemática".[7] Se em Bachelard o conceito de problemática é definido como "a dialética entre uma síntese [teórica] global e problemas claramente propostos como uma função dessa síntese global"[8] e em Althusser como a "pressuposição orgânica dos [...] conceitos fundamentais"[9] que permitem pensar um problema no interior de um sistema teórico, poderemos dizer que um corte epistemológico serve para pensar o abandono de uma problemática

---

3 "Chamaremos de Teoria (com a inicial maiúscula) a teoria geral, ou seja, a Teoria da prática em geral, ela mesma elaborada a partir da Teoria das práticas teóricas existentes (das ciências), as quais transformam em 'conhecimentos' (verdades científicas) o produto ideológico das práticas 'empíricas' (a atividade concreta dos homens) existentes. Essa Teoria é a *dialética* materialista que não se separa do materialismo dialético." (ALTHUSSER, Louis. *Por Marx*. Campinas: Unicamp, 2015, p. 137).
4 "A razão de ser do materialismo dialético consiste em proporcionar princípios que permitam distinguir a ideologia da ciência." (ALTHUSSER, Louis; BADIOU, Alain. *Materialismo Histórico e Materialismo Dialético*. São Paulo: Global, 1979, p. 55).
5 A noção de "ruptura epistemológica", diferente da de "corte epistemológico" em Bachelard, embora utilizada por Althusser, não aparece neste autor com o mesmo nível de desenvolvimento da segunda. Para aquele, enquanto a primeira diz respeito a quebras no interior de uma mesma ciência, a segunda diz respeito à fundação de um novo campo teórico. Cf. JANEIRA, Ana Luísa. *Ruptura Epistemológica, Corte Epistemológico e Ciência*. In: Análise Social, 9 (34) abr.-jun. Lisboa, 1972, p. 629-644.
6 ALTHUSSER, Louis. *Por Marx*. Campinas: Unicamp, 2015, p. 137.
7 Ípola insiste sobre a centralidade do conceito de problemática em toda a obra althusseriana. ÍPOLA, Emílio de. *Althusser, el Inifinito Adiós*. Buenos Aires: Siglo XXI, 2007, p. 79.
8 "The dialectic between a global synthesis and problems clearly posed as a function of this global synthesis". BACHELARD, Gaston. Corrationalism and Problematic. *Radical Philosophy*, n. 173, p. 28.
9 ALTHUSSER, Louis. *Op. Cit.* p. 156.

específica a partir da produção de outra nova que destrói "as [suas] abstrações ideológicas iniciais".[10]

Essa ideia de "corte", tão largamente associada ao procedimento althusseriano, tem o propósito principal de pensar a ciência fora dos esquemas "positivistas" que a conceberiam como um processo progressivo e cumulativo de aproximação teórica à realidade *tal como ela é*. Em vez disso, Bachelard teorizou que o avanço científico não segue uma "estrada real", mas opera a partir da elaboração de conjuntos conceituais renovados, que produzindo novas imagens possíveis sobre o mundo, superam impasses das concepções anteriores, abrindo caminhos alternativos de desenvolvimento. Assim, a prática científica deixaria de ser percebida como um caminho linear, em que novas descobertas vão se somando rumo à apropriação integral da realidade, e passaria a ser percebida como um conjunto de processos de ruptura, que abandonam antigas aquisições parciais ou mesmo equivocadas pela formulação de novos conceitos e imagens de todo, sem garantia de sucesso, que se resolvem e se impõem tanto pela crítica teórica, quanto pela capacidade do novo sistema de colocar e resolver questões inacessíveis anteriormente.

O conceito de problemática, portanto, nos leva para o centro do debate sobre a natureza da ciência fundada pelo que Bachelard denominou "novo espírito científico"[11] e da crítica da ciência elaborada pelo autor. Para ele, as grandes descobertas da ciência contemporânea não estariam mais associadas a amplos experimentos empíricos, mas à formulação de sistemas conceituais complexos e o seu desenvolvimento no campo estrito da

---

10 BALIBAR, Étienne. L'Objet d'Althusser. In: Lazarus, Sylvain (Org.). *Politique et Philosophie dans l'Œuvre de Louis Althusser.* Paris: PUF, 1993, p. 90.
11 "Em terceiro lugar, consideraríamos o ano de 1905 como o início da era do *novo espírito científico*, momento em que a Relatividade de Einstein deforma conceitos primordiais que eram tidos como fixados para sempre. A partir dessa data, a razão multiplica suas objeções, dissocia e religa as noções fundamentais, propõe as abstrações mais audaciosas." (BACHELARD, Gaston. *A Formação do Espírito Científico.* Rio Janeiro: Contraponto, 1996, p. 9).

prática teórica. Com isso, restaria evidente a necessidade filosófica de se estabelecer uma distinção entre o manejo da natureza, dito "objeto real", inacessível teoricamente, e dos conceitos, o "objeto do conhecimento", como articulação de "palavras" que produzem uma *problemática* teórica. Aí, a ciência apropria-se da realidade, produz conhecimento objetivo, inscrevendo e traduzindo os dados empíricos e teorias com os quais eventualmente lide no interior de um complexo de categorias teóricas que trabalhará sobre eles.[12] Há, portanto, um afastamento da noção empirista, preponderantemente experimental e quantitativa das ciências, e um direcionamento a um tipo histórico de racionalismo, que privilegia a articulação conceitual das definições.

Althusser utiliza esse modelo como ponto de partida para teorizar o que chama de uma dupla disjunção, científica e filosófica, entre o "jovem Marx" e o "Marx de maturidade":[13] um processo de substituição de uma problemática idealista cuja lógica de causalidade simples e linear encontrava-se fundada em conceitos como o de alienação, por outra que repousa sobre uma causalidade estrutural produzida pela articulação entre uma base comportando relações de produção e forças produtivas, e uma superestrutura política, jurídica e ideológica, cujas determinações mútuas comportariam variados índices de eficácia. Como veremos em seguida, este tipo de leitura que pauta a cisão da obra marxiana deseja enfatizar o seu caráter materialista, e assim superar as armadilhas ideológicas do marxismo economicista e da reação humanista. Isso se baseia na constatação de que os textos marxianos de juventude não estariam construídos sobre o mesmo conjunto de conceitos que figurariam em seus textos mais tardios. Além disso, na premissa bachelardiana

---

12 "Ao seguir a física contemporânea nos afastamos da natureza para entrar em uma fábrica de fenômenos." (BACHELARD, Gaston. *L'Activité Racionaliste de la Physique Contemporaine.* Paris: PUF, 1951, p. 17).
13 ALTHUSSER, Louis. *Op. Cit.* p. 39.

de que uma visão teórica não poderia simplesmente "evoluir" ao somar conceitos, sendo necessário para o seu desenvolvimento que ela "desloque" esses conceitos e suas significações a partir de rupturas que sejam capazes de abandonar seus pontos de inflexão, transitando para novas problemáticas.

Essas primeiras elaborações althusserianas a respeito da obra de Marx arcavam com uma série de finalidades. A primeira era a de inserir a obra marxiana em uma história das ciências rigorosa, o que permitiria não apenas a sua consolidação como objeto de estudo universitário, mas principalmente defender o seu caráter científico de um modo mais abrangente. Esse efeito corresponderia a uma expectativa diferente e mais decisiva de Althusser: ao formular os contornos do estatuto de cientificidade da obra marxiana, seria possível proteger e conferir prestígio no interior do Partido Comunista Francês e da política comunista em geral à sua versão da teoria marxista, a qual ele elaborava tendo em vista a possibilidade de superação de linhas políticas voluntaristas e economicistas adotadas pelos partidos operários europeus. Tais preocupações explicam, a nosso ver, por qual razão Althusser propôs, em seus primeiros trabalhos, uma noção tão rígida e um papel tão restrito à filosofia. Pois se para Bachelard se tratava apenas de formular as razões de fraturas teóricas já ocorridas nas ciências, para Althusser, de algum modo, era necessário voltar esse projeto epistemológico à salvaguarda atual de sua própria interpretação do marxismo.[14]

Contudo, essa definição provisória do papel da filosofia – abandonada publicamente menos de dois anos após a publicação de *Por Marx* – não apareceu, na sua prática teórica, de maneira tão estável como queriam os seus críticos da época. Pois se de um lado a filosofia foi textualmente identificada com uma teoria geral das práticas teóricas, por outro o papel

---

14 Cf. BALIBAR, Étienne. From Bachelard to Althusser: The Concept of the Epistemological Break. *Economy and Society*, 7, 3, 1978, p. 216.

que Althusser a fez cumprir nem sempre foi condizente com tal objetivo declarado, visto que suas obras de 1965 se constituíram em ato como um verdadeiro laboratório de leitura e interpretação de textos de Marx e outros intelectuais marxistas, que se desdobrou em uma série de programas de pesquisa teórica, sendo que nem todos encontraram desenvolvimento posterior. Nesse sentido, tal filosofia se firmou produtivamente como uma estratégia de *leitura* inovadora da obra marxiana.

1.1. O que são a filosofia e a ciência marxistas?

Dissemos que, na primeira formulação de Althusser sobre o tema, o corte epistemológico é pensado como uma cisão entre dois momentos, duas problemáticas da obra marxiana. Conforme Mascaro retoma:

> Para dar conta de explicar essa aparente contradição interna da filosofia de Marx, Althusser valendo-se da terminologia da tradição filosófica francesa – em especial de Gaston Bachelard –, propõe uma leitura dos textos de Marx a partir de um corte epistemológico. Trata-se de separar os dois momentos metodológicos distintos do pensamento do próprio Marx (...). Na perspectiva de Althusser, há duas etapas do pensamento de Marx que metodologicamente, não podem ser consideradas idênticas, há um jovem Marx (...) ainda refém de algumas categorias burguesas, e um Marx pleno, autor então da grande ruptura filosófica contemporânea.[15]

Tal corte é, para o Althusser dessa época, de natureza dúplice, abrangendo em um só ato, tanto o campo do materialismo histórico, isto é, a ciência marxista, quanto o do materialismo dialético, tido como a sua filosofia. Agora será a hora de avançarmos um pouco mais sobre o caráter específico e o conteúdo explícito de cada uma dessas disciplinas nos dizeres do autor,

---
15 MASCARO, Alysson. *Filosofia do Direito*. São Paulo: Editora Atlas, 2012, p. 554.

para em seguida verificarmos em que sentido se ateve às definições que delas propôs.

1.2. Filosofia e leitura sintomal

É célebre que está implicada no corte epistemológico a rejeição da obra marxiana de juventude, precisamente aquela em que está situado o maior volume de textos cuja natureza filosófica resta mais pronunciada. A localização de *Teses sobre Feuerbach* e *A Ideologia Alemã*, de 1845, como "obras do corte",[16] traz toda uma série de problemas para a tarefa althusseriana de pensar o estatuto do materialismo dialético – definido a essa altura como a "filosofia marxista". Isso porque, daí em diante poucas vezes será possível encontrar nos textos de Marx proposições de cunho "estritamente filosófico", ao menos explicitamente. Mesmo os seus sucessores, chamados por Althusser marxistas clássicos, como Lênin e Mao, e até mesmo o próprio Engels, nos teriam legado pouco material dessa natureza. Sem mencionar o fato de que, muito do que produziram destoaria de maneira por vezes pouco sutil daquilo que o próprio Marx procurara estabelecer.[17]

Como, então, Althusser pretenderia "recomeçar o materialismo dialético"? Não seria temerário tomar algumas notas esparsas, manuscritos e pequenas introduções e atribuir-lhes caráter de obra teórica acabada? É o próprio Althusser quem atribui tal proceder teórico ao que chama de "stalinismo". Já indicamos, pelo uso repetido do termo "prática teórica", o estatuto peculiar que Althusser concede à teoria. Se, para ele, deve-se entender por prática "todo processo de *transformação* de uma determinada matéria-prima dada em um produto determinado" executado por um "trabalho humano [determinado],

---
16   ALTHUSSER, Louis. *Op. Cit.* p. 25.
17   Em *Sur la Pensée Marxiste* de 1982, Althusser falará mesmo de uma "unidade ilusória" entre a obra de Marx e Engels. Disponível em: <www.multitudes.net/Sur-la-pensee-marxiste/>.

utilizando meios ('de produção') determinados"; a teoria não será mais do que "*uma forma específica de prática*", um momento do complexo das práticas de uma sociedade.[18] Daí é possível depreender que não só a ideologia é uma prática, mas que também o seu avesso, a ciência, o é. Esta deverá, portanto, ser mirada pelo autor como uma *prática específica*. Se tal prática é, de fato, científica, decorreria que devem estar contidos nela, em estado igualmente prático, os princípios constitutivos de uma "epistemologia", de uma teoria geral dessa prática científica, que ela apresentaria em ato. Seria, portanto, o caso de reconhecê-los, identificá-los, elaborá-los, enunciá-los. Segundo Althusser, Platão teria sido fruto do advento das matemáticas gregas, Descartes da descoberta de Galileu, e Kant da de Newton[19] – mesmo que de modo inconsciente. Eles teriam dado à luz filosofias que se seguiram à abertura de grandes "continentes" científicos – aqui, "continente" funciona como uma metáfora para "problemática", ao dar a ideia de mudança de espaço teórico, de novo território –, mesmo que as suas elaborações em certos casos não os tenham tomado como objeto imediato. Portanto, para o autor argelino, seria preciso forjar um *método de leitura* capaz de procurar nos rincões da ciência estabelecida da época a filosofia em estado prático para que fosse possível formulá-la de acordo com a lógica requerida pelo seu estatuto próprio.[20] Mas essa tarefa comportaria, como veremos, uma série de encruzilhadas.

Em 1964 Michel Foucault proferiu uma conferência tematizando o impacto gerado pelas "técnicas de interpretação" de

---

18 ALTHUSSER, Louis. *Op. Cit.* p. 136.
19 ALTHUSSER, Louis; BADIOU, Alain. *Materialismo Histórico e Materialismo Dialético*. São Paulo: Global, 1979, p. 49.
20 "Dar a essa existência *prática* da filosofia marxista, que existe em pessoa, em estado prático, na prática científica da análise do modo de produção capitalista que é *O Capital*, e na prática econômica e política da história do movimento operário, sua *forma de existência teórica indispensável* às suas necessidades e às nossas necessidades." (ALTHUSSER, Louis; BALIBAR, Étienne et al. *Ler O Capital I*. Rio de Janeiro: Jorge Zahar Editora, 1979, p. 32).

Marx, Nietzsche e Freud sobre o pensamento ocidental. Desde os gregos, disse ele então, a filosofia nutre a suspeita de que "a linguagem não diz exatamente o que ela diz",[21] que, sob o sentido imediatamente expresso nas palavras, haveria um outro, mais forte e mais essencial; e de que a linguagem "ultrapassa sua forma propriamente verbal",[22] de modo que a natureza e os acontecimentos ao nosso redor, teriam, sob o seu véu obscuro, um discurso e uma significação inauditas. Teriam surgido, portanto, ao longo da história, uma miríade de formas de interpretação, de pensamentos sobre o verdadeiro modo de acessar a verdade desse discurso, sempre latente sob as palavras e os acontecimentos. Na "modernidade", contudo, esse tipo de visão teria sido completamente soterrado. Os séculos XVII e XVIII teriam eliminado a interpretação e instaurado a soberania de uma leitura imediata da essência na existência, de uma unidade entre "*Logos*" e "Ser". Marx, Nietzsche e Freud desempenhariam então, segundo Foucault, o papel de refundar a possibilidade – e a necessidade – da leitura e da interpretação dos textos e do mundo. Teriam sido, portanto, os responsáveis por restabelecer a metáfora do hieróglifo por decifrar, que estaria, entretanto, lastreada numa compreensão absolutamente nova do real, dos signos e da sua prática interpretativa.

Retomo esse ensaio, pois tudo indica que de modo algum é ocasional o fato de, no ano seguinte, Louis Althusser, ao abrir a obra coletiva *Ler O Capital* com uma reflexão sobre "o que é ler?", invocar esses mesmos três pensadores para apresentar uma linha de raciocínio bastante semelhante. É no rescaldo de tal contextualização que o autor afirma viver o tempo do aprendizado mais dramático da humanidade, aquele que diz respeito ao sentido dos atos mais simples da existência: ver, escutar, falar,

---

21 FOUCAULT, Michel. Nietzsche, Freud, Marx. In: *Arqueologia das Ciências e História dos Sistemas de Pensamento*. Rio de Janeiro: Forense Universitária, 2000, p. 40.
22 Id., Ibid.

ler. Esse recuo crítico tem como objetivo claro e direto atacar a posição empirista, aquela que pugna, para falar em termos althusserianos, a unidade entre objeto real e objeto de conhecimento, e, portanto, a leitura evolutiva do mundo como um livro aberto. Nessa nova visão, portanto, ler não poderia mais ser um ato puro de absorção, um *religare* epistêmico entre o homem e o *logos*, sendo antes a leitura um ato de efetiva construção de significados históricos e contextuais.

Mas haveria ainda um problema adicional na tarefa de empreender uma nova leitura dos clássicos do marxismo. Toda ciência nascente, diz Althusser, está obrigada a pensar a si mesma com os conceitos que lhe estão disponíveis. Foi assim com Marx e com todos que os precederam. Será assim com todos os seus sucessores. Na falta de termos, e mais precisamente, de conceitos, que lhe fossem domésticos, caberia ao autor de *A Ideologia Alemã* pensar a ciência da história que ora inaugurava, com as palavras do idealismo alemão, da economia política clássica, dos socialistas utópicos, isto é, com palavras estrangeiras à sua problemática, ao seu empreendimento, emprestadas provisoriamente de outras ciências e/ou ideologias teóricas. A nova ciência estaria, então, embaraçada com os conceitos das teorias que constituíram a sua pré-história.

Seria, necessário, portanto, como base para um retorno esclarecido a Marx, elaborar um método que levasse em conta essa dupla limitação atinente à leitura e ao texto. Método que tornasse explícita a "equivocidade constitutiva de todo discurso"[23] e lidasse com ela, e que fosse, ao mesmo tempo, capaz de interrogar os signos de um idealismo teórico ainda latente nas construções marxianas, para ir à sua "lógica profunda", a partir do que diz explicitamente, mas em certos casos, também contra a sua literalidade. Para isso Althusser precisou buscar

---

23 GILLOT, Pascale. *Althusser e a Psicanálise*. São Paulo: Ideias & Letras, 2018, p. 60.

instrumentos teóricos próprios, em muitos sentidos externos ao empreendimento do materialismo marxista. E é em Lacan que encontrará uma senda para seguir. Tendo tomado o retorno deste a Freud como um caso paradigmático, Althusser investiga seu método de leitura, e as influências teóricas por ele sofridas.[24] Tudo isso para, conforme diz, tornar manifesta a *démarche* praticada pelo próprio Marx na leitura dos textos teóricos daqueles que o precederam. Para submeter Marx à vertigem do materialismo por ele concebido, aplicando-o a si mesmo.[25] Eis o que Althusser denominou "leitura sintomal".

"Trata-se de uma leitura dúplice, ou antes, de uma leitura que põe em jogo dois princípios de leitura radicalmente diferentes",[26] diz. Num primeiro momento, pois, seria possível ver na leitura que Marx faz dos clássicos um tipo de postura transcendente – "eles não viram algo que eu vi". Aí, segundo o autor, toda falta seria denunciada como um vício do olhar a partir de um ponto de vista externo que, ao mirar, viu algo que

---

[24] "O caso é que esta última leitura, sob a denominação de 'leitura sintomal', reconhece claramente uma origem freudiana e lacaniana." (GILLOT, Pascale. *Op. Cit.* p. 61). "E de fato, a reativação da noção psicanalítica de 'discurso do inconsciente', na própria leitura de Marx, é, para Althusser, novamente a ocasião de um notável reconhecimento de dívida para com Lacan. Esta dívida reivindicada, na ordem da teoria, se enuncia nesses termos em 1965, no momento da publicação de *Ler O Capital*: 'É ao esforço teórico, durante longos anos solitário – intransigente e lúcido de J. Lacan, que nós devemos, hoje, esse resultado que abalou nossa *leitura* de Freud. Numa época na qual o que J. Lacan nos deu de radicalmente novo começa a circular no domínio público, em que qualquer um pode, à sua maneira, fazer uso e se beneficiar disso, eu faço questão de reconhecer nossa dívida em face de uma lição de leitura exemplar, que, veremos, ultrapassa certamente em alguns de seus efeitos, seu objeto de origem. Eu faço questão de reconhecê-la *publicamente*, para que o 'trabalho do alfaiate (não) desapareça no hábito' (Marx), mesmo que seja o nosso.'" (Id., Ibid.).
[25] "É ainda mais marcante, sob esse aspecto, constatar que uma tal inspiração psicanalítica se conjuga, segundo Althusser, a uma outra origem, localizável na própria obra de Marx. Dito de outro modo, seguindo um procedimento reflexivo notável, a abordagem althusseriana visa a aplicar ao próprio texto de Marx o tipo particular de leitura ao qual ele precisamente recorreu em *O Capital*, ao interrogar os textos dos teóricos da economia política clássica, em particular as de Smith e de Ricardo consagradas à questão do *valor* em geral." (GILLOT, Pascale. *Op. Cit.* p. 62).
[26] ALTHUSSER, Louis; BALIBAR, Étienne et al. *Ler O Capital I*. Rio de Janeiro: Jorge Zahar Editora, 1979, p. 17.

o discurso anterior não vira. Mas haveria também uma segunda leitura, imanente, que buscaria no próprio texto as razões desse "não ver", tentando identificar certa "relação invisível necessária entre o campo do visível e o campo do invisível", relação definidora da "necessidade do campo obscuro do invisível, como um efeito necessário da estrutura do campo visível".[27] Uma leitura que busca tencionar os limites da problemática estabelecida pelo texto.

Para se situar na esfera desta segunda leitura, que é a pedra de toque da metodologia sintomal identificada por Althusser, seria necessário abandonar o mito especular da visão e da leitura imediatas, e tratar, conforme enfatiza Gainza, a leitura e a escrita não como visão e expressão da consciência, mas como afazeres.[28] Desse modo, o que a Economia Clássica "não vê" – a diferença entre "valor do trabalho" e "valor da força de trabalho", por exemplo – não poderia ser interpretado como um objeto preexistente, devendo, ao contrário, ser encarado como algo que ela mesma produz – do "mundo destruído" do fim do empirismo ao "mundo construído" das práticas científicas do novo racionalismo.[29] Assim, esse invisível que estaria ali, desestabilizando e denunciando o visível, apareceria como uma resposta sem pergunta, a fundar uma nova questão latente. Essa leitura, portanto, ao recobrir a lógica da articulação interna dos conceitos que operam no texto, pretenderia identificar um lapso entre o que a problemática da economia política "produz" e o que ela "vê".

Com isso já somos capazes de perceber que o que está no centro da questão da leitura sintomal é, novamente, o conceito

---

27 ALTHUSSER, Louis; BALIBAR, Étienne et al. *Ler O Capital I*. Rio de Janeiro: Jorge Zahar Editora, 1979, p. 18.
28 "A leitura é colocada sem ambiguidades no terreno do 'fazer': a leitura não é a visão de uma consciência, mas uma prática que se confronta com outra prática, a 'atividade de escritura' que é o objeto da crítica." (GAINZA, Mariana Cecilia de. *Zizek y Althusser: Vida ou Morte da Leitura Sintomática*. Revista de Economia Política e História Econômica, n. 11, janeiro de 2008, p. 139).
29 BACHELARD, Gaston. *Corrationalism and Problematic*. Radical Philosophy, p. 1.

de problemática. A problemática, como estrutura orgânica dos conceitos que esquadrinham um objeto teórico, é aquilo que funda o campo tanto da visibilidade quanto da invisibilidade dos elementos de um discurso;[30] que impõe o visível como visível e o invisível como invisível, e o vínculo orgânico entre ambos. É visível, então, aí, todo objeto ou problema que se situe no terreno, no horizonte, no campo estruturado definido de uma problemática determinada. A visão, portanto, já não seria a faculdade de um indivíduo que vê. A "vista é [, ao contrário,] o fato de suas condições estruturais, (...) a relação de reflexão imanente do campo da problemática sobre *seus* objetos e *seus* problemas",[31] o espelhamento de uma necessidade imanente que liga objeto e problema a suas condições de existência e de produção. Assim, a faculdade de ver não representaria mais um atributo do olho, do sujeito que olha, passando a ser concebida como um efeito estrutural do próprio campo teórico no qual o sujeito se inscreve.

Se extrairmos disto as suas justas consequências, aquilo que aparece num texto sob a forma de uma resposta para uma pergunta inexistente irromperia agora não mais como um desvio isolado, mas como o índice de um novo problema, a evidência de uma outra problemática latente,[32] de um horizonte germinal que não caberia nos termos da problemática originária. O campo desta, portanto, se seguirmos com o exemplo da Economia Clássica, interditaria e recalcaria a reflexão de termos como mais-valor e o conceito de "força de trabalho". Esses novos "elementos" que a Economia Clássica produz sem ver, diz Althusser,

---

30 "[A ciência] só pode formular problemas no terreno e no horizonte de uma estrutura teórica determinada, sua problemática, que constitui a condição de possibilidade determinada absoluta, e, pois, a determinação absoluta das *formas de colocação de todo problema*, num momento considerado da ciência." (ALTHUSSER, Louis. *Op. Cit.*, p. 24).
31 Id., Ibid.
32 "A leitura sintomal, nesse sentido, é uma parte importante do trabalho teórico, ela não é somente crítica dos erros e das faltas, mas também põe em evidência novos indícios e questionamentos inéditos." (VINCENT, Jean-Marie. La Lecture Symptomale Chez Althusser. In: *Sur Althusser Passages. Futur antérieur.* Paris: Editions L'Harmattan, 1993, p. 98-99).

são invisíveis para ela em virtude da problemática existente e, não sendo seus objetos, lhe estariam interditados. Por isso suas presenças só se dão a ver "em circunstâncias sintomáticas muito especiais",[33] como estada fugidia, transparente à luz do campo que as atravessa cegamente sem nelas refletir-se. Esse invisível é, então, uma ausência, uma falta ou *um sintoma*, que se manifesta regularmente como o que é: invisível à teoria.

Para que essas lacunas no discurso, esses espaços em branco no texto pleno, tornem-se visíveis fora do instante fugidio do jogo de esconde que a problemática lhes impõe, seria preciso, pois, mais do que um olhar agudo ou atento, um olhar de natureza qualitativamente diferente, que só poderia ser produzido no interior de um *deslocamento* de terreno teórico, isto é, de uma transformação de problemática. Desse modo, Althusser sustenta que a leitura de Marx que faz ver aquilo que era invisível a Smith, torna-se possível não por simples agudeza de espírito, mas porque ele colocou-se no interior desta nova problemática, tornando-se um efeito desse campo "recém-chegado" de reflexão. É assim, por meio desse abrigar-se no interstício da nova problemática indicada pelo texto, que apesar de todo indício literal de um economicismo do primado das forças produtivas em Marx, Althusser teria podido ver nele o seu antídoto desenvolvido que é, ainda segundo ele, o primado das relações de produção.

A bem da verdade, no caso do retorno de Althusser a Marx, o procedimento não teria se dado exatamente do mesmo modo que o retorno deste aos clássicos. Isso porque se em Smith, por exemplo, seria possível encontrar grande quantidade de respostas sem questão, em Marx elas não existiriam. Neste, diz Althusser, as respostas encontram questões, mesmo que distantes, em outro lugar, e toda questão não formulada por Marx nos remeteria à indisponibilidade dos conceitos teóricos necessários

---

33 ALTHUSSER, Louis. *Op. Cit.* p. 25.

para tanto – daí a necessidade antes apontada de utilizar termos do idealismo preexistente. O objeto, portanto, estaria inteiro lá, mas a palavra indicativa de sua existência restaria por vezes ausente, o que, diga-se, não é sem consequência. Isso porque, tal "palavra" é um conceito, e a falta estrutural de um conceito repercute efeitos teóricos nas formas do discurso. A presença de certas formas do discurso hegeliano e a ausência da eficácia de uma estrutura sobre seus elementos que é a base invisível-visível, ausente-presente, da obra, encenariam um drama real "onde antigos conceitos desempenham desesperadamente o papel de um ausente, *que não tem nome*, para o chamar em pessoa à cena".[34]

Localizar essa falta filosófica, diz Althusser, nos leva ao limiar da filosofia de Marx, e nos permite reconstruí-la em consonância com o máximo rigor presente em sua obra.[35] Uma falta consagrada como não falta pode entravar o desenvolvimento de uma ciência, já que ela só progride mediante extrema atenção às suas fragilidades.[36] A prática teórica científica vive pelo que não sabe, de conseguir circunscrevê-lo como um problema. O que a ciência não sabe não é, assim, algo fora de si, que não poderia solucionar, mas o que traz em si de frágil, sob a aparência de evidências, silêncios, faltas conceituais, espaços em branco. Por isso, seria papel do filósofo marxista se "pendurar selvagemente" nessa fragilidade para extrair daí o essencial do materialismo dialético, identificando a lógica da sua composição orgânica, mas, também, produzindo os conceitos que lhe faltem.

---

34 ALTHUSSER, Louis. *Op. Cit.* p. 29.
35 "Nada sugeri além da *leitura 'sintomal'* das obras de Marx e do marxismo umas pelas outras, isto é, a produção sistemática progressiva dessa reflexão da problemática sobre seus objetos que os torna *visíveis*, e a atualização, a produção da problemática mais profunda que permite *ver* o que só tem ainda existência alusiva ou prática. Em função dessa exigência é que pude pretender *ler*, em sua existência diretamente política (e de política ativa: a do dirigente revolucionário Lênin imerso na revolução), a forma teórica específica da dialética marxista." (ALTHUSSER, Louis. *Op. Cit.* p. 32).
36 Aqui incide analogicamente a proposta bachelardiana de identificar obstáculos epistemológicos, uma das justificativas essenciais da existência de sua "história das ciências".

A leitura sintomal como método de desentranhar a filosofia latente nos textos, diz Althusser, sem dúvida "*acrescenta* algo ao discurso de Marx", mas ao fazer isso "*restaura*" e "*realiza*" sua própria coerência interna, sua lógica própria de funcionamento, "sem ceder à tentação de seu *silêncio*". "Eu *ouço* esse silêncio como a falha possível de um discurso sob a pressão e a ação repressivas de um outro discurso que, a favor dessa repressão, toma o lugar do primeiro, e fala no seu silêncio: o discurso empirista".[37] É assim que, segundo Vincent, Althusser abandona a "ortodoxia do conteúdo e a ortodoxia do método", implicadas na questão de "encontrar a melhor receita de leitura" de O *Capital* para "fazê-lo falar sobre seus impensados e suas contradições",[38] para de fato, trabalhar sobre ele. Ler Marx a partir dos "sintomas" que o texto indica, portanto, significaria restabelecer seu pensamento não como *palavras* de salvação, mas como o *ato* de crítica incessante e radical do mundo.

1.3. A especificidade da ciência marxista da história

O objetivo principal de Althusser com o desenvolvimento do método da leitura sintomal foi estabelecer a especificidade da ciência marxista. Nesse contexto, o autor desenvolveu de maneira substancialmente mais consistente o conteúdo explícito do materialismo histórico se comparado ao do materialismo dialético,[39] que permaneceu em grande monta nutrido pela afirmação do seu caráter também científico. Se a sobreposição filosofia-ciência até aqui aludida responde em parte pelas causas dessa assimetria, há algo mais a ser levado em conta. É o próprio Althusser quem diz que nos clássicos do marxismo tudo que se pode ler em estado mais avançado e sistemático está restrito ao

---

37 ATHUSSER, Louis. *Op. Cit.* p. 271.
38 Ibid., p. 99.
39 "Em meus primeiros ensaios, preteri a Filosofia pela ciência (...)." (ALTHUSSER, Louis. *Posições 1*. Rio de Janeiro: Graal, 1978, p. 85).

campo da produção científica. Daí a necessidade de *elaborar a filosofia*, conforme acabamos de descrever. Daí também o acesso mais simplificado e uma aparição mais aperfeiçoada da prática científica já desde as primeiras versões da obra althusseriana.

Em todo caso, é no campo científico que se especifica, por ora, a produção teórica marxista. É aqui que Althusser pretende nos mostrar a natureza extraordinária e inédita do método, da problemática e do objeto teóricos que teriam feito ruir de uma vez por todas a ideologia filosófica em que o próprio Marx, ainda segundo ele, esteve envolto pelo menos até 1845. Para ir direto ao ponto, diremos que para Althusser, o método em Marx, o Marx maduro de *O Capital*, teve, na lógica profunda da articulação de seus conceitos fundamentais, o mérito de ser o primeiro a fornecer os elementos necessários para, de um só golpe: a) *afastar todo empirismo e todo racionalismo idealista*, delimitando precisamente a natureza de seu objeto; b) *afastar todo mecanicismo e toda teleologia*, propondo uma concepção de sociedade como um complexo de estruturas que se articulam em múltiplas temporalidades, cujas contradições flutuantes estariam sob permanente determinação das relações econômicas.

1.3.1. Objeto real e objeto de conhecimento: o antiempirismo marxiano

Já indicamos a inscrição da teoria no campo das práticas sociais e a separação entre objeto real e objeto de conhecimento que ela produz como componentes nucleares da proposta ora estudada. Agora será o momento de apresentarmos detalhadamente esses dois elementos do que Althusser propôs ser a crítica marxiana tanto do empirismo quanto do racionalismo idealista. Aqui, uma vez mais, a influência da obra de Bachelard se faz notar, acirrada pela indisfarçada obsessão por uma rigorosa delimitação do objeto científico tomado por Marx como referente.

Conforme Althusser, é possível encontrar no centro de gravidade de obras como os *Manuscritos Econômico-Filosóficos de 1844*, jamais publicada em vida por Marx, petições de natureza empirista,[40] bem como espécimes bastante conhecidas do idealismo. Assim, apenas com o abandono dessa problemática de juventude, baseada numa compreensão específica da alienação feuerbachiana,[41] e a aquisição de um novo dispositivo teórico, fundado na articulação de conceitos como relações de produção e forças produtivas, o autor alemão nos teria apresentado um entendimento materialista da prática científica e, mais genericamente, da prática teórica.

Seria o caso, portanto, como o próprio Marx indicara nas teses sobre Feuerbach,[42] de uma transformação do conceito de prática, que agora passaria a ser definida como um processo perfilado por cinco elementos constitutivos: uma prática sig-

---

40 "A *sensibilidade* (vide Feuerbach) tem de ser a base de toda ciência. Apenas quando esta parte daquela na dupla figura tanto da consciência *sensível* quanto da carência *sensível* – portanto apenas quando a ciência parte da natureza – ela é ciência *efetiva*. A fim de que o "*homem*" se torne objeto da consciência *sensível* e a carência do "homem enquanto homem" se torne necessidade (*Bedürfnis*), para isso a história inteira é a história da preparação / a história do desenvolvimento. A história mesma é uma parte *efetiva* da *história natural*, do devir da natureza até ao homem. Tanto a ciência natural subsumirá mais tarde precisamente a ciência do homem quanto a ciência do homem subsumirá sob si a ciência natural: será *uma* ciência. X – O *homem é o objeto imediato da ciência* natural; pois a *natureza sensível imediata para o homem é imediatamente a sensibilidade humana* (uma expressão idêntica), imediatamente como o homem *outro* existindo sensivelmente para ele; pois sua própria sensibilidade primeiramente existe por intermédio do *outro* homem enquanto sensibilidade humana para ele mesmo. Mas a *natureza é o objeto imediato da ciência do homem*. O primeiro objeto do homem – o homem – é a natureza, sensibilidade, e as forças essenciais humanas sensíveis particulares; tal como encontram apenas em objetos *naturais* sua efetivação objetiva, [essas forças essenciais humanas] podem encontrar apenas na ciência do ser natural em geral seu conhecimento de si. O elemento do próprio pensar, o elemento da externação de vida do pensamento, a *linguagem*, é de natureza sensível. A efetividade *social* da natureza e a ciência natural *humana* ou a *ciência natural do homem* são expressões idênticas." (Itálico no original, sublinhado pelo autor). MARX, Karl. *Manuscritos Econômico-Filosóficos*. São Paulo: Boitempo, 2004, p. 112.
41 Cf. ALTHUSSER, Louis. *Por Marx*. p. 44ss.
42 Tese I: "Até agora, o principal defeito de todo materialismo (inclusive o de Feuerbach) é que o objeto, a realidade, o mundo sensível, só são apreendidos sob a forma de *objeto ou de intuição*, mas não como *atividade humana sensível*, enquanto *práxis*, de maneira não subjetiva. Em vista disso, o aspecto *ativo* foi desenvolvido pelo idealismo, em oposição ao

nificaria, então, (1) transformar (2) uma matéria-prima dada em um (3) produto final, através de um (4) trabalho humano, usando (5) meios de produção determinados. Assim, a prática científica será entendida como a (1) transformação de (2) representações, conceitos, fatos, provenientes de outras práticas empíricas, técnicas, em uma (3) teoria, através de um (4) trabalho intelectivo, que mobiliza (5) um sistema teórico e uma problemática específicos. É assim, por exemplo, que teria operado Lênin em *Que fazer?*, ao estudar as ações do Partido Social-Democrata Russo: tomando uma política oportunista e transformando-a teoricamente em uma prática revolucionária através da teoria marxista.

Vejamos qual a lógica interna a operar nesse "processo da prática teórica". Para entendermos o que se passa aí é preciso em primeiro lugar apresentar cuidadosamente a tese da "ruptura de objeto",[43] separação entre o objeto real e o objeto de conhecimento. Ela seria encontrável, segundo Althusser, em diversas passagens da obra marxiana, e mais enfaticamente na *Introdução de 59*, onde se faria perfeitamente explícita: "O concreto é concreto, porque é a síntese de muitas determinações, isto é, unidade do diverso"; "o concreto aparece no pensamento como o processo da síntese, como resultado, não como ponto de partida"; "as determinações abstratas conduzem à reprodução do concreto por meio do pensamento"; "o método que consiste em elevar-se do abstrato ao concreto não é senão a maneira de proceder o pensamento para se apropriar do concreto, para re-

---

materialismo – mas só abstratamente pois o idealismo naturalmente não conhece a atividade real, sensível, como tal. Feuerbach quer objetos sensíveis, realmente distintos dos objetos do pensamento; mas ele não considera a própria atividade humana como atividade objetiva. (...). É por isso que ele não compreende a importância da atividade 'revolucionária', da atividade 'prático-crítica'." (MARX, Karl. Teses sobre Feuerbach. In: ENGELS, Friedrich. *A Ideologia Alemã*. São Paulo: Martins Fontes, 1998, p. 99).
43 TRIGUEIRO, Michelangelo Giotto Santoro. Uma Discussão sobre a Ciência e a Ideologia em Althusser. Cad. Dif. Tecnol., Brasília, n. 2, vol. 3, set.-dez., 1985, p. 423.

produzi-lo mentalmente como coisa concreta".⁴⁴ Por fim aquela passagem que parece ser particularmente cara a Althusser:

> A totalidade concreta, como totalidade de pensamento, como uma concreção de pensamento, é, na realidade, um produto do pensar, do conceber; não é de nenhum modo o produto do conceito que se engendra a si mesmo e que concebe separadamente e acima da intuição e da representação, mas é elaboração da intuição e da representação em conceitos.⁴⁵

O que estaria aí expresso é que o sistema científico de Marx se cria a partir da abstração de formas existentes, isto é, não se trata de tomar um objeto preexistente, dado *a priori*, mas de forjá-lo, construí-lo como um concreto pensado, como a síntese teórica de uma série de determinações teóricas. Esse concreto seria, portanto, a reprodução do real no pensamento, um real tendencialmente apropriado *pelo* pensamento, e não uma transposição direta – "especular" – desse real *para* o pensamento. Não seria, então, o próprio real a se tornar objeto da prática científica. Assim, concebe-se, segundo Althusser, a divisão entre objeto real e objeto de conhecimento. Este é constituído a partir de intuições sensíveis ou representações como matéria-prima sobre a qual trabalharão os meios de produção teórica, distinguindo-se da história viva, dos processos orgânicos do todo social a partir do qual é concebido. Desse modo, o objeto pensado de uma ciência de modo algum se confundiria com os pseudo-objetos da ideologia, diz Althusser.⁴⁶ Na falta de um "objeto *real*", cuja ausência seria, então, preenchida por um objeto ideológico ou presumido, não se pode estar no nível de uma prática efetivamente científica, ficando-se refém de uma

---
44 MARX, Karl. *Contribuição à Crítica da Economia Política*. São Paulo: Expressão Popular, 2008, p. 258.
45 Ibid., p. 259.
46 ALTHUSSER, Louis. *Por Marx*. Campinas: Unicamp, 2015, p. 138.

prática que seria, no limite, mera técnica:

> Essa distinção explica o que o empirismo é incapaz de explicar: transformação da *posição dos problemas*, e a transformação dos objetos de conhecimento no processo de conhecimento, isto é, a aparição de *novos objetos* até aí *não vistos*. O empirismo pensa que o conhecimento é uma visão: ele é incapaz de explicar a aparição de novos objetos no campo de "visão", e portanto o fato de que esses novos objetos não eram "vistos" anteriormente. Ele não "vê" que a visão do que se vê na ciência depende do *aparelho* da visão teórica, portanto da história das transformações da teoria no processo de conhecimento. O que chamamos de problemas *reais* depende portanto da *realidade* do processo de conhecimento, de seu aparelho de visão teórica atual, de seus *critérios teóricos de realidade*. A *realidade* é, no sentido preciso no qual nós a fazemos intervir, uma categoria do próprio processo de conhecimento.

Esse processo é teorizado por Althusser segundo o esquema das generalidades apresentado pela primeira vez no artigo *A Dialética Marxista*. Aí estão articuladas Generalidade I, primeira abstração que é matéria-prima a ser transformada em "conceitos" especificados; Generalidade II, que é o sistema teórico que opera como meio de produção; e Generalidade III, o "concreto", que é um conhecimento propriamente dito.

Contrariamente ao que afirmaria o que o autor denomina "empirismo" ou "sensualismo", uma ciência não trabalha "sobre um existente, que teria por essência a imediatez e a singularidade puras ('sensações' ou 'indivíduos')", ou sobre "um puro 'dado' objetivo",[47] mas sempre a partir de generalizações – mesmo quando elas aparecem sob a forma de "fatos" – que são fornecidas por diferentes práticas, tanto as de natureza científica (em que uma ex-Generalidade III tornar-se Generalidade I), quanto

---
47 Ibid., p. 149.

de natureza técnica, empírica ou ideológica em sentido lato. Isso porque elaborar um "fato" significaria sempre pôr em movimento o sistema de conceitos (Generalidade II), já que um só aparece enquanto tal, à medida que é correlacionado com o outro, o fato é tornado visível pelo campo teórico indicado pela segunda generalidade. É a partir disso, sobre essa matéria-prima, que a Generalidade II, constituída como um corpo mais ou menos unitário dos conceitos que são o núcleo teórico da ciência num momento considerado, trabalharia, criando a Generalidade III, entendida como produto do processo da prática científica, isto é, um conhecimento concreto.

Disso decorreria que a Generalidade I e a Generalidade III jamais podem ser iguais. Seja pela transformação de uma generalidade ideológica em generalidade científica (ruptura ou corte epistemológico), seja pela produção de uma nova generalidade científica que abrange e rejeita a antiga, definindo a sua relatividade e subordinando sua validade, o concreto pensado que é o resultado do processo deve necessariamente advir de um trabalho de transformação da Generalidade II sobre a Generalidade I. Este trabalho, contudo, que é o trabalho da prática teórica, ocorreria completamente no conhecimento. É desse modo que o processo das generalidades se apresentaria, conforme o dizer de Marx, "do abstrato para o concreto". Deve-se tomar o máximo cuidado com essas distinções, diz Althusser, para que não se confunda o abstrato com a própria ciência e o concreto com a realidade histórica efetivamente existente. Para enfatizar essa distinção, o autor utiliza termos diferentes para indicar cada um desses "concretos": concreto-do-pensamento, para o conhecimento; concreto-realidade, para o processo histórico, que estaria sempre um passo além da conceituação. Daí, podemos dizer que o processo que produz o concreto-do-conhecimento se passa totalmente na prática teórica, como processo de apropriação do concreto-real. Este, contudo, independeria até certo ponto do conhecimento que se tem dele e jamais se confundiria com este conhecimento. Temos, assim, que a Generalidade III, isto é, o concreto-do-pensamento, é o conhecimento do objeto concreto-realidade, embora, por definição, esteja sempre implicada aí uma defasagem. Segundo Althusser, é uma tal confusão que, interpretando o binômio abstrato-concreto como articulação entre ciência e real, faria com que Feuerbach e o jovem Marx negassem a realidade da ciência, a validade das abstrações que ela produz, e o próprio conhecimento resultante da Generalidade III. Seria ainda pela confusão entre Generalidade I e Generalidade III, tomadas como se fossem a mesma coisa, que Hegel basearia sua autogênese do conceito – o que Althusser denomina "historicismo". Por isso, é que a crítica feuerbachiana à "ilusão especulativa hegeliana", que no limite culminaria em "pôr a dialética sobre os seus próprios pés", não estaria nem de longe apta a resolver a questão que põe em jogo. Tal inversão não corresponderia a mais que uma manobra ideológica de fundo empirista, a tentar, sem sucesso, por meio de uma nova confusão, desfazer uma confusão original. É, portanto, apenas com a separação das generalidades e com a organização do processo da prática científica a partir do abstrato para o concreto que tanto a dimensão especulativa quanto a empirista seriam adequadamente afastadas:

> Resumindo: reconhecer que a prática científica parte do abstrato para produzir um conhecimento (concreto) é também reconhecer que a Generalidade I, matéria-prima da prática teórica, é qualitativamente diferente da Generalidade II que a transforma em "concreto-de-pensamento", ou seja, em conhecimento (Generalidade III). A negação da diferença que distingue esses dois tipos de Generalidade, o desconhecimento do primado da Generalidade II (que trabalha), ou seja, da "teoria", sobre a Generalidade I (trabalhada), eis o *fundo mesmo do*

idealismo hegeliano, que Marx recusa: eis, sob a aparência ainda ideológica da "inversão" da especulação abstrata em realidade ou ciência concretas, o ponto decisivo onde se decide o destino tanto da ideologia hegeliana quanto da teoria marxista. Da teoria marxista; pois todos sabem que as razões profundas de uma ruptura – não as reconhecidas, mas as que agem – decidem para sempre se a libertação que dela se espera será apenas a espera da liberdade ou a própria liberdade.[48]

1.3.2. Um todo complexo determinado em última instância: a antiteleologia

Segundo Althusser ao menos desde Hegel o conflito apresenta-se como o móbil da história e, portanto, como a chave teórica para compreendê-la. Entretanto, tal categoria assumiria no pensamento do autor do idealismo alemão o estatuto de uma causalidade simples que, para enunciar esquematicamente, estabeleceria a redutibilidade do todo social a um único princípio de interioridade, pensando os seus elementos como mera expressão fenomênica dessa unidade, como suas *pars totalis*.[49] Assim, segundo Althusser, em Hegel todas as contradições remontariam à mesma contradição originária, fundante, da qual seriam meros epifenômenos. A dialética hegeliana seria, portanto, conforme o autor argelino, "inteiramente dependente dessa pressuposição radical de uma unidade originária simples, desenvolvendo-se no interior dela mesma pela virtude da negatividade", restaurando reiteradamente, a todo tempo, tal "simplicidade originária".[50]

No ato de forjar um pensamento materialista como solução aos impasses apresentados por esse tipo de concepção espiritualista do todo, bem como pela noção de contradição e o modelo causal

---

48 Ibid., p. 155.
49 Cf. MORFINO, Vittorio. *O Primado do Encontro sobre a Forma*. Revista Crítica Marxista, n. 23, São Paulo, 2005.
50 ALTHUSSER, Louis. *Op. Cit.* p. 160.

que a acompanham, Marx teria então, segundo Althusser, fundado uma problemática capaz de operar a reconstrução do objeto da ciência da história como um "todo complexo estruturado já-dado"[51] com dominante. Nesse processo, a categoria de contradição – muitas vezes confundida por Althusser com a de "antagonismo" – desempenharia papel central, sofrendo uma verdadeira transmutação de natureza. Pois se, como expusemos, em Hegel a contradição refere-se a um "processo simples de dois contrários",[52] em Marx ela passaria a designar o choque de múltiplos contrários no interior de uma realidade cuja consistência é a de uma estrutura. Portanto, segundo a leitura althusseriana de Mao Tse-Tung, para que sejamos capazes de compreender a natureza dessa transformação, será preciso entender a distinção decisiva entre a contradição principal e as contradições secundárias, seus aspectos principal e secundário[53] e a lógica do seu "desenvolvimento desigual".[54] É nessa articulação, diz ele, que reside a especificidade fundamental do pensamento marxiano.

A distinção entre contradição principal e contradições secundárias remete diretamente à complexidade dos processos sociais tornados objeto da ciência da história. Tal divisão supõe, evidentemente, por princípio, a existência de múltiplas contradições, sem as quais seria impossível opor umas e outras. Essa complexidade objetiva afastaria de uma vez por todas a possibilidade de remontar, como atribuído a Hegel, o processo histórico a uma origem simples – ou projetar seu *Telos*, o que é o mesmo –, de modo que ele só poderia ser tomado como "já-dado", como momento específico do desenvolvimento his-

---

51 Ibid., p. 156.
52 Ibid., p. 159.
53 "Na questão do caráter específico da contradição, restam dois elementos que requerem uma análise particular, a saber: a contradição principal e o aspecto principal da contradição." (TSE-TUNG, Mao. *Sobre a Prática e sobre a Contradição*. São Paulo: Expressão Popular, 1999, p. 70).
54 "Em qualquer contradição, os polos contrários desenvolvem-se de maneira desigual." (Ibid., p. 73).

tórico de uma estrutura. A distinção entre aspecto principal e secundário de cada contradição vem, portanto, ao encontro da necessidade de pensar a vertiginosa multiplicidade da totalidade aberta constituída pela história. Essa separação seria, assim, responsável por indicar o reflexo da complexidade do todo no interior de cada contradição, isto é, por expressar a condição de que cada contradição de uma cadeia complexa é dominada por um de seus aspectos internos.

Segundo Althusser, portanto, a cada momento da conjuntura seria possível identificar uma contradição principal e uma série de contradições secundárias, cada uma delas dominada por um de seus aspectos internos. A ilustração tomada de Mao é cristalina:

> Na sociedade capitalista, as duas forças em contradição, o proletariado e a burguesia, formam a contradição principal; as outras contradições, por exemplo, a contradição entre os restos da classe feudal e a burguesia, a contradição entre a pequena burguesia camponesa e a burguesia, a contradição entre o proletariado e a pequena burguesia camponesa, a contradição entre a burguesia liberal e a burguesia monopolista, a contradição entre a democracia e o fascismo no seio da burguesia, as contradições entre os países capitalistas e as contradições entre o imperialismo e as colônias, todas são determinadas pela contradição principal ou sujeitas à influência desta.[55]

Essa posição prioritária, contudo, não é tida como um elemento inerte, componente da substância mesma da contradição, mas, ao contrário, como o resultado de um longo processo histórico ao mesmo tempo que de movimentos imediatos e contingentes próprios de cada conjuntura. Assim, é da natureza profunda do funcionamento da tota-

---

55 TSE-TUNG, Mao. *Op. Cit.* p. 70.

lidade complexa o deslocar-se da contradição principal, a alternância a cada temporalidade do papel desempenhado por cada contradição. É ao modo específico dessa variabilidade que Althusser se refere com o conceito maoísta de "desenvolvimento desigual". Mais uma vez a análise do caso chinês é iluminadora:

> Quando o imperialismo lança uma guerra de agressão contra um tal país, as diversas classes desse país, excetuado o pequeno número de traidores à nação, podem se reunir temporariamente numa guerra nacional contra o imperialismo. A contradição entre o imperialismo e o país considerado passa então a ser a contradição principal e todas as contradições entre as diversas classes no interior do país (incluída a que era a contradição principal, a contradição entre o regime feudal e as massas populares) passam temporariamente para um plano secundário, para uma posição subordinada.[56]

Compreender a contradição no interior dessa problemática significaria, portanto, num nível mais profundo, atribuir a dignidade de uma existência efetiva a todas as contradições e, mais precisamente, conceber que cada contradição presente numa dada estrutura, por mais secundária que seja, está implicada na existência das outras. Requer ainda, sob o conceito de "causa ausente" rejeitar terminantemente a questão ideológica *da* causa, já que mesmo que se aponte a "causa" mais imediata de um efeito, ela seria apenas um elo em uma cadeia complexa. Para pensar essa imbricação profunda, princípio basilar da causalidade em cena nos processos históricos, bem como essa determinação recíproca, desigual, estrutural, complexa, Althusser mobiliza os conceitos de "causalidade estrutural" e "sobredeterminação".

Compreendido isso, poderemos avançar um pouco mais

---

56 Ibid., p. 71.

e responder à questão derradeira que se impõe imediatamente em face do que se acaba de sustentar. Estaria aqui Althusser contradizendo o princípio tão caro à tradição marxista de que a economia desempenharia um papel prioritário na determinação das transformações das formações sociais? De modo algum, responderá o autor. Embora esteja envolvido em uma série de impasses quanto a isso, sem dúvida está também longe do tipo de entendimento mecanicista, "que põe de uma vez por todas no lugar a hierarquia das instâncias, determina a cada uma sua essência e seu papel, e define o sentido unívoco das suas relações"; "que identifica, de antemão e para sempre, a contradição-determinante-em-última-instância com o *papel* de contradição-dominante".[57] Mas neste momento em que são publicadas várias teses com o objetivo de solucionar a questão da eficácia dessa determinação em última instância, as referências apresentadas por ele aparecem de forma bastante comedida.

Poulantzas parece tentar resolver o problema a partir de uma indicação oferecida por Marx em *O Capital*, que ao separar dominância e determinação, diz que à economia caberia sempre *determinar* qual instância seria *dominante* num modo de produção. Assim, durante o feudalismo a esfera ideológica teria sido a dominante, e no capitalismo, a própria economia.[58] Parece haver, contudo, outras soluções das quais Althusser se aproxima mais. Ípola aponta aí um debate do qual teriam participado Levi-Strauss, Jacques-Alain Miller e Alain Badiou, visando a determinar o modo de operação e a eficácia da causalidade estrutural.[59] A posição de Althusser para ser mais próxima da deste último.

Para ele, a determinação em última instância pelo econô-

---
57 ALTHUSSER, Louis. *Op. Cit.* p. 171.
58 Cf. ÍPOLA, Emílio de. *Op. Cit.* p. 88. Também, POULANTZAS, Nicos. *Poder Político e Classes Sociais*. São Paulo: Martins Fontes, 1986.
59 ÍPOLA, Emílio de. *Op. Cit.* p. 86-114.

mico – pelas práticas e contradições econômicas – a que se referia incessantemente Engels seria antes o princípio fundador dessa desigualdade essencial na lógica de desenvolvimento das contradições. Assim, não seria o econômico "em pessoa" a desempenhar a todo momento o papel dominante no modo de produção, mas seria ele a articular a relação de dominância de cada contradição em cada corte da conjuntura, a unificar a totalidade aberta sob o imperativo da valorização do valor: quando determinadas formas de existência do capital subsumem materialmente as relações de produção é que as categorias do modo capitalista de produzir a vida logram se generalizar enquanto tal e compactar a totalidade social sob a pulsão do valor. De todo modo, nenhuma solução definitiva para essa questão foi oferecida enquanto tal no bojo do debate althusseriano. O que se verifica é antes uma série de pontos sem nó, conforme indicam manuscritos de Althusser da época, por exemplo, e que abrirão espaço para a irrupção de novas nuances no desenvolvimento futuro de seus trabalhos, sem que nunca se ofereça uma conclusão. Em *Sobre a Gênese*, por exemplo, está indicada a necessidade de uma abertura dessa lógica causal, que a lógica do vazio – em substituição à questão da origem – e da contingência – como teoria do significante não idêntico a si mesmo – virão ocupar mais tarde.

O caso é que, sob o pretexto de uma interpretação das aquisições teóricas de Marx, Althusser aborda aqui um problema decisivo da teoria marxista, constituído desde a sua fundação, e tornado extremamente incômodo na conjuntura em que vivia. Como se sabe, reside no núcleo da argumentação do livro I de *O Capital* uma tendência teleológica de extinção do modo de produção capitalista pelo desenvolvimento de uma contradição entre trabalho vivo e trabalho morto na composição orgânica do capital social total. Segundo Marx, a natureza concorrencial da relação entre as unidades produtivas capitalistas produziria uma tendência perene de substituição da força de trabalho por máquinas, já que o avanço das forças produtivas seria a principal estratégia disponível aos capitalistas individuais para a ampliação da extração de mais-valor relativo – e, portanto, uma compulsão decisiva do capital enquanto relação social. Contudo, uma vez que o sistema teria como fundamento a defasagem entre o valor da força de trabalho e o valor do trabalho efetivamente realizado, a expulsão tendencial do trabalho vivo dessa equação teria como efeito a inviabilização dessa própria reprodução, de modo que o autodesenvolvimento do sistema capitalista deveria necessariamente desaguar no seu próprio colapso. Essa visão de Marx esteve historicamente associada, inclusive pelo próprio autor, à previsão de que o rebatimento político dessa tendência logo forjaria as condições para a efetivação de uma revolução comunista, na qual soaria "a hora derradeira da propriedade privada capitalista, e os expropriadores são expropriados".[60]

Esse tipo de visão encontrou formulação paradigmática em termos políticos no *Programa de Transição* redigido por Leon Trotsky em 1936. Ali, Trotsky asseverou que a Segunda Guerra Mundial, então prestes a eclodir, seria o resultado necessário de uma incapacidade insuperável do sistema capitalista encontrar saída para a crise estrutural na qual estava metido. Essa guerra encenaria, portanto, os últimos combates de um sistema em degeneração, tornando imperativo pôr em marcha um programa de saída guiada do sistema. Hoje estamos cientes, é claro, de que tal guerra não só não significou o fim do capitalismo, como abriu espaço para a estratégia fordista de estabilização do sistema que, se também encontrou termo, nos deu provas consideráveis sobre a resiliência do modo de produção. Quando Althusser escreveu, esse processo histórico já estava bastante desdobrado,

---

60 MARX, Karl. *O Capital*. Livro 1. São Paulo: Boitempo, 2013, p. 832.

sem que o autor conseguisse encontrar na teoria marxista da época explicações suficientemente elaboradas para tanto.

Sua saída foi então reconhecer que outras contradições do modo de produção seriam capazes de lhe proporcionar sobrevida para além do período previsto pelos marxistas dos fins do século XIX e início do XX, permitindo a ele uma estadia histórica que, se não era infinita, como demonstrado pelo argumento de Marx acima aludido, estava ao menos indefinida. É curioso notar, portanto, que diferentemente do que sugere, por exemplo, Nascimento,[61] não foi um apego de Althusser à problemática da luta de classes que o fez eliminar teoricamente a tendência ao colapso inscrita na economia capitalista, mas justamente a constatação da indefinição histórica desse colapso que lhe obrigou a conferir mais atenção à "contradição" política entre capital e trabalho, *"deixando de lado componentes decisivos da crítica da economia política".*

Nesse sentido, o ataque althusseriano à teleologia histórica, além de fazer alvo nas tendências efetivamente idealistas do marxismo e da filosofia burguesa, se propôs à reelaboração da própria noção de necessidade implicada no conceito marxiano de lei,[62] numa conjuntura em que isso não era preocupação de elaborações rigorosas. Nas palavras de Montag:

> Althusser, (...) perguntará se uma necessidade histórica (o próprio produto das leis da história) que pode ser "adiada", "atrasada", "retardada" por anos, décadas ou séculos, pode ser chamada de maneira precisa de uma "necessidade". Como ele famosamente ou infamemente alegou em *Contradição e Sobredeterminação*, um regime histórico que consiste na necessidade e suas (intermináveis listas de) "exceções" deve abrir caminho para o reconhecimento da

---

61 NASCIMENTO, Joelton. *Sobre a Crítica do Capitalismo em Decomposição*. Sinal de Menos 10, março de 2014, p. 222-231.
62 Cf. LEWIS, William. Althusser on Laws Natural and Juridical. In: DE SUTTER, Laurent. *Althusser and Law*. Nova Iorque: Routledge, 2013, p. 33-48.

necessidade da exceção que, assim, deixa de ser compreendida como uma exceção.[63]

Evidentemente, esse tipo de problematização criou outros problemas para a teoria de Althusser, que a nosso ver ele não pôde resolver. Trataremos deles nos capítulos seguintes.

1.4. Os problemas da relação entre ciência e ideologia

Provavelmente o aspecto mais polêmico da obra de Althusser tenha sido o estabelecimento da relação que ideologia e ciência mantêm entre si. Na primeira metade da década de 1960, estendendo seus efeitos ainda por alguns anos depois, um intenso debate ocupou-se de tentar compreender, extrair consequências e desdobrar essa questão. Indicaremos aqui, tentando propor um complemento à concepção geral acima exposta, os principais pontos de tensão desse tema conforme sua primeira elaboração.

1.5. A relação entre ciência e ideologia

A primeira questão a ser abordada é da ordem de uma insuficiência – que é o traço característico dos trabalhos dados a ler ainda no curso de seu desenvolvimento – cujo impacto na recepção da obra de Althusser é sensível. Em *Marxismo e Humanismo* (1963), o conceito de ideologia é apresentado num mesmo plano discursivo como um "sistema de representações" que se distingue da ciência pela prevalência de uma "função prático-social" sobre a "função teórica" ou "de conhecimento"[64] e, simultaneamente, como "elemento (...) e atmosfera indispensáveis à respiração" de uma sociedade.[65] Ou seja, nesse texto de 1963 ainda não era possível estabelecer o caráter *bidimensional* do conceito de ideologia, de um lado como *sistema teórico*

---

63 MONTAG, Warren. O Espectro de Althusser. In: *Lavrapalavra*. 2018. Disponível em: <https://lavrapalavra.com/2018/05/15/o-espectro-de-althusser>.
64 ALTHUSSER, Louis. *Por Marx*. Campinas: Unicamp, 2015, p. 192.
65 Id., Ibid.

ideológico, e de outro como *conjunto assistemático* de elementos que representam a relação imaginária do sujeito com a sua própria realidade *vivida*, o que só apareceu mais claramente em um artigo de 1966⁶⁶ e, especialmente em 1967 com *Filosofia e Filosofia Espontânea dos Cientistas*. Na falta de tal delimitação mais precisa, a concepção althusseriana de ciência como Outro da ideologia encontrava impasses severos, enfrentando acusações de, e arriscando-se a, querer tomar o lugar da política. É essa, por exemplo, uma das principais dimensões do ataque desferido contra ela por Jacques Rancière, tanto em *Sobre a Teoria da Ideologia*⁶⁷ quanto em *A Lição de Althusser*.⁶⁸ Ali, seu ex-colaborador acusa Althusser de opor à posição política burguesa – fundada em princípios ideológicos – não uma posição proletária, mas imperativos de demonstração lógica e de rigor científico, o que implicaria numa percepção da ciência como algo universalmente revolucionário. A meu ver, deve-se dar crédito a Benton⁶⁹ quando denuncia o caráter reducionista e unilateral, neste caso, da recepção da obra althusseriana por Rancière. Do mesmo modo, Montag⁷⁰ tem razão ao objetar o peso conferido por este a um texto tão marginal como "Problemas Estudantis" – em contraste com a referência apenas incidental a outros mais importantes –, de onde extrai a maioria dos elementos que ensejam o seu ataque. No entanto, tanto a recusa em ouvir "o caráter conflitual e irredutivelmente contraditório do trabalho de Althusser",⁷¹ quanto a insistência

---

66 ALTHUSSER, Louis. Teoria, Prática Teórica e Formação Teórica. Ideologia e Luta Ideológica. In: *Teoria Marxista e Análise Concreta: Textos Escolhidos de Louis Althusser e Étienne Balibar*. São Paulo: Expressão Popular, 2017, p. 27-82.
67 RANCIÈRE, Jacques. *Sobre a Teoria da Ideologia: a Política de Althusser*. Porto: Portucalense, 1971.
68 Id. *La Lección de Althusser*. Buenos Aires: Galerna, 1975.
69 BENTON, Ted. Discussion: Rancière on Ideology. Radical Philosophy 9, inverno de 1974, p. 27-28.
70 MONTAG, Warren. *Rancière's Lost Object*. Cultural Critique 83.1, 2013, p. 144; p. 139-155.
71 Id. Introduction to Louis Althusser, Student Problems. Radical Philosophy 170, nov.--dez., 2011, p. 10.

num posicionamento conjuntural podem, com efeito, iluminar uma posição que se não é pacífica e cristalina, está a tal ponto autorizada pelo trabalho do autor argelino que ele próprio pôde, em certo contexto, extraí-la. Tal perspectiva, portanto, não deixa aqui de nos interessar uma vez que permite captar e, talvez mais do que isso, ilustrar as possíveis consequências de se levar ao extremo essa indiferenciação.

Desse modo, apenas com as aquisições de *Filosofia e Filosofia Espontânea dos Cientistas* é possível dar efetividade teórica ao princípio que permite pensar uma lógica relativamente própria às esferas da filosofia e da política, dando abertura, por exemplo, à não identificação entre verdade científica e estratégia política que, diga-se, faz-se presente, no mesmo *Marxismo e Humanismo*.[72] Na ausência da demarcação dessas fronteiras com que se debate o primeiro esboço da relação entre ciência e ideologia em Althusser, a lógica da prática teórica em sentido estrito ameaça ganhar uma dimensão indevidamente ampliada fora das suas fronteiras, autorizando-se a colonizar a esfera da política, da filosofia, da ideologia prática, e assumindo o risco de se apresentar como única modalidade efetivamente revolucionária de pensamento.[73]

---

72 "O *anti-humanismo* teórico de Marx reconhece, relacionando-o com as suas condições de existência, uma necessidade do humanismo como *ideologia*, uma necessidade sob condições. O reconhecimento dessa necessidade não é puramente especulativo. É unicamente com base nela que o marxismo pode fundar uma política referente às formas ideológicas existentes, sejam elas quais forem: religião, moral, arte, filosofia, direito – e humanismo, em primeiríssimo lugar. Uma (eventual) política marxista sobre a ideologia humanista, ou seja, uma atitude política a respeito do humanismo – política que pode ser a recusa, ou a crítica, ou o emprego, ou o apoio, ou o desenvolvimento, ou a renovação humanista das formas atuais da ideologia na área ético-política – essa política só é possível sob a condição absoluta de ser fundada na filosofia marxista cujo *anti-humanismo* teórico é a condição prévia." (ALTHUSSER, Louis. *Por Marx*. p. 191).
73 Cf. sobre esse aspecto específico, o instigante BADIOU, Alain. Política e Filosofia: Louis Althusser. In: *Para uma Nova Teoria do Sujeito*. Rio de Janeiro: Relume-Dumará, 1994.

1.6. A relação entre ciência e ideologia teórica

Uma vez estabilizada a solução do problema da distinção entre ideologia prática e ideologia teórica – que estudaremos com maior detalhe adiante –, seria possível, portanto, um retorno mais informado sobre a relação entre ciência e ideologia teórica que pode ser aqui identificado pelo que Althusser denominou em sua autocrítica "teoricismo". Para ele, esse conceito designaria o caráter ao mesmo tempo especulativo e racionalista da ligação então proposta, a tencionar suas primeiras formulações sobre o papel da filosofia.

1.6.1. O desvio especulativo

Já mencionamos anteriormente o caráter garantidor da ciência assumido pela filosofia nos primeiros trabalhos de Althusser. Ali, a inspiração na epistemologia histórica de Gaston Bachelard foi transformada no *leitmotiv* de uma manobra que impunha, apesar de suas possíveis contradições e de certo ar não intencional, uma salvaguarda essencialista à ciência. Sobre isso, Althusser dirá mais tarde que sua concepção deixou a filosofia se reduzir a "epistemologia, e nada mais que epistemologia".[74] Desse modo, a relação de permanente conflito entre ciência e ideologia poderia ser resolvida, mesmo que retroativamente e estando sujeita a incessantes retificações, a partir de um ponto de vista externo a si – a filosofia –, de onde o reconhecimento de uma objetividade poderia emanar.

Se isso for tomado como correto, apesar de seu caráter parcial, poderíamos afirmar, então, que um mecanismo filosófico algo especulativo paira sobre a batalha ciência-ideologia, representando um *locus* do científico para além da própria ciência, uma superciência que recolhe para si os sistemas e descobertas mais objetivos, autenticando-os. Isso é um problema *per se*.

---
74 ALTHUSSER, Louis. *Elementos de Autocrítica*. Barcelona: Editorial Laia, 1975, p. 35.

Contudo, há uma outra implicação do funcionamento deste mecanismo que ainda não foi explorada aqui: o fato de ele operar o que Evangelista denominou de "*ideologia da distinção entre a Ideologia e a Ciência*".[75]

1.6.2. O desvio racionalista

Em sua dimensão propriamente epistemológica a ideologia é pensada por Althusser "como a pré-história real cujo confronto real com outras práticas técnicas e outras aquisições ideológicas ou científicas, pode produzir, numa conjuntura teórica específica, o advento de uma ciência não como seu fim, mas sua surpresa".[76] Diz Francisco Sampedro, portanto, que a ideologia é aquilo que "cobre o espaço vazio que a ciência preencherá, pensando o seu objeto, ainda que em termos imaginários", isto é, sem *conhecê-lo*. Desse modo, a ciência agiria como um invasor, que ao ocupar seu espaço, compondo um novo tecido apto a gerar o efeito de conhecimento sobre um dado objeto, desaloja os antigos moradores da cidadela ideológica, circunscrevendo-os e dominando-os. Mas não há, contudo, vácuo nesta relação. A ideologia estaria sempre ali, imediatamente ao lado da fronteira demarcada pelo próprio lugar que a ciência ocupa, como seu inimigo vigilante, astuto e – por que não? – invencível.

Para pensar essa relação conflituosa, Sampedro mobiliza um trecho do tópico 12 do Prefácio de *Ler O Capital*:

> Poderia nos embaraçar que, ao ensejo do estudo desse problema, fôssemos convidados a pensar de modo inteiramente novo a relação da ciência com a ideologia de que ela nasce, e que continua de certo modo a acompanhá-la surdamente em sua história; que essa pesquisa nos pusesse diante dessa

---

75 EVANGELISTA, Walter José. Althusser e a Psicanálise. In: ALTHUSSER, Louis. *Freud e Lacan. Marx e Freud*. Rio de Janeiro: Editora Graal, 1991, p. 28.
76 ALTHUSSER, Louis; BALIBAR, Étienne et al. *Ler O Capital I*. Rio de Janeiro: Jorge Zahar Editora, 1979, p. 33.

Althusser e o direito | 61

verificação de que toda ciência só pode ser pensada como 'ciência da ideologia', em relação com a ideologia, de que ela sai; mas isso se não estivéssemos advertidos da natureza do *objeto* do conhecimento, que só pode existir na forma da ideologia quando se constitui a ciência que vai produzir o seu conhecimento, no modo específico que o define.[77]

Daí extrai duas proposições que considera a chave para a compreensão dessa relação: "a) a ciência é a ciência da ideologia,"; e "b) a ideologia é companheira 'surda' da ciência".[78]

A partir da primeira proposição faz-nos observar que o conhecimento produzido pela ciência é sempre o de um objeto previamente pertencente à esfera do ideológico. A ciência produz-se enquanto tal, assim, denunciando o caráter ideológico da ideologia, identificando um objeto enquanto ideológico e substituindo-o pelo seu conhecimento, de modo que à ideologia só é possível aceder à visibilidade a partir do "olhar retrospectivo" da ciência.[79] Quanto a isso, é perfeitamente clara, conforme indicado em uma série de passagens,[80] a compreensão de Althusser de que a ruptura originária da ciência da história operada por Marx deu-se em face de uma ideologia historicamente particular, a ideologia burguesa. Nesse sentido, nenhuma acusação de racionalismo faria sentido.

---

77 Ibid., p. 47-48.
78 SAMPEDRO, Francisco. A Teoria da Ideologia em Althusser. In: NAVES, Márcio Bilharinho (Org.). *Presença de Althusser*. Campinas: Instituto de Filosofia e Ciências Humanas/Unicamp, 2010, p. 33.
79 "Basta um simples vazio nos conceitos do materialismo histórico para que ali se instale imediatamente o pleno de uma ideologia filosófica (...). Só podemos reconhecer esse vazio esvaziando-o das evidências da filosofia ideológica que o ocupa. Só podemos determinar com rigor certos conceitos científicos ainda insuficientes de Marx sob a condição absoluta de reconhecer a natureza ideológica dos conceitos filosóficos que lhe usurparam o lugar: em suma, sob a condição absoluta de começar a determinar ao mesmo tempo os conceitos da filosofia marxista aptos a conhecer e reconhecer como ideológicos os conceitos filosóficos que nos escamoteiam as falhas dos conceitos científicos." (ALTHUSSER, Louis. *Op. Cit.* p. 92).
80 O próprio texto "O objeto de O Capital" que cuida em detalhe da diferenciação entre o marxismo e sua pré-história toma a Economia Política Clássica nas figuras de Smith e Ricardo como referente.

No entanto, ao enunciar em *termos gerais* essa relação específica que liga a ciência às ideologias teóricas que constituiriam a sua pré-história, Althusser o fez de modo diverso: como uma ruptura da ciência em geral, com uma ideologia em geral. O que estaria na base desse desvio, conforme o próprio Althusser nos indicaria mais tarde,[81] seria um sub-reconhecimento da "dimensão histórica do corte epistemológico". Aqui, portanto, o caráter "racionalista" do corte viria desempenhar uma função de oposição binária entre verdade e erro, entre a ciência e a ideologia em geral, tornando o antagonismo entre a ciência da história, i.e., o marxismo e a ideologia burguesa apenas um caso particular dessa disputa. Trata-se, nesse sentido, de um ponto de vista da ciência sobre si mesma, que só poderá ser abandonado a partir da localização da relação entre ideologia e reprodução do modo de produção, o que ocorreria alguns anos depois.

Quanto à segunda proposição de Sampedro – a ideologia é companheira 'surda' da ciência –, o autor dirá que tem o condão de indicar o fato de que a ciência "se articula em parceria, embora contraditória e processual, com a ideologia", já que todo conhecimento científico precisa, para avançar, ocupar o espaço já preenchido pela ideologia. De maneira mais precisa, Sampedro nos diz que Althusser reconhece que toda ciência "carrega uma ideologia ao mesmo tempo em que a desestabiliza".[82] E isso porque (1) a ciência só progride superando obstáculos; (2) porque por mais que a ciência trabalhe, a ideologia resiste sempre como um "'resto' inconsciente";[83] (3) porque a ciência não pode simplesmente abolir as ideologias teóricas e implantar-se como a única verdade. O que ressalta, portanto, dessa leitura de Sampedro é que, a despeito da avaliação negativa do próprio Althusser sobre alguns avanços que

---

81 ALTHUSSER, Louis. *Elementos de Autocritica*. Barcelona: Editorial Laia, 1975.
82 SAMPEDRO, Francisco. *Op. Cit.* p. 34.
83 Id., Ibid.

vinha constituindo, se lermos o texto althusseriano do ponto de vista daquilo que efetivamente realiza, seremos capazes por contra própria de relativizar os "desvios" formulados a título de definição geral.

1.7. Crítica "epistemológica" em ato

Tal caráter pendular entre a definição anunciada de sua filosofia e seu proceder prático se esclarece se compreendermos as razões efetivas das manobras teóricas do autor. O "terrorismo do conceito"[84] de que Althusser lançou mão no inaugurar de sua obra tinha por *programa*, como dissemos, *iluminar a especificidade teórica do objeto da crítica histórica de Marx*, enunciando-o de maneira clara, sem deixar reduzi-lo a empirismo ou teleologia, removendo os "obstáculos epistemológicos" que, a seu ver, atravancavam o seu desenvolvimento: "Não há dúvida de que afirmações como estas: 'humanista', 'historicista', (...) têm sobretudo sentido crítico e polêmico; têm, antes de tudo o mais, por função rejeitar qualquer interpretação metafísica da filosofia marxista.[85]

Nesse sentido concreto, o trabalho mais representativo e teoricamente produtivo da "primeira etapa"[86] de seu pensamento é o ensaio *O Objeto de O Capital*, localizado na "Quarta parte" de *Ler O Capital*. Nele, muito mais do que realizar descrições gerais do papel científico da filosofia, Althusser endereça sua crítica a *problemáticas particulares* que, no seu entendimento, afetavam a recepção de *O Capital* pelos marxistas e impediam a apreensão da crítica marxiana e do conceito de história que ela porta. O ataque se centrou, portanto, nos obstáculos "historicista" e "humanista", permitindo a formulação de

---

84 ÍPOLA, Emílio de. *Op. Cit.* p. 175.
85 ALTHUSSER, Louis; BALIBAR, Étienne et al. *Ler O Capital I*. Rio de Janeiro: Jorge Zahar Editora, 1979, p. 70.
86 Ípola o chamou de Althusser "clássico", com aspas. ÍPOLA, Emílio de. *Op. Cit.* p. 64.

dois cavalos de batalha notadamente althusserianos, o "a-historicismo" e o "a-humanismo" "marxistas". Seu ponto de partida nesse texto é interrogar o juízo do próprio Marx quanto à especificidade de seu objeto. Segundo Althusser, apesar de ter chamado a atenção para rupturas de sua obra em relação à Economia Política Clássica, o pensador alemão não teria sido capaz de estabilizar uma representação clara dessa diferença. Pois ao ressaltar que em Smith e Ricardo estariam ausentes noções como a de mais-valor ou a de valor baseado na oposição trabalho abstrato x trabalho concreto, por exemplo, Marx as teria tomado como meras "palavras" e não devidamente como conceitos, aptos a modificarem o nível de generalidade da problemática teórica.[87] Daí o ensejo para que não apenas os inimigos do marxismo, mas também a maioria dos seus defensores teóricos tomassem a crítica da economia política marxiana como um mero desenvolvimento da teoria clássica.

1.7.1. A-historicismo

Segundo tal perspectiva, Marx não teria feito mais do que historicizar a perspectiva dos clássicos. Esse procedimento consistiria basicamente em deixar de ver as categorias como eternas e encará-las como relativas, por meio da aplicação da dialética hegeliana à problemática em questão. Althusser, contudo, assevera que se fosse mesmo esse o caso, Marx não teria sido capaz de elaborar uma teoria científica, tendo antes cedido a uma conceituação empirista da história, o que não fez.

Conforme o autor, Hegel consideraria que "o tempo histórico não é senão a reflexão, na continuidade do tempo, da essência interior da totalidade histórica encarnando um momento

---

[87] Discordo veementemente dessa posição de Althusser, pois tenho que Marx foi perfeitamente capaz de delimitar a especificidade de seu objeto em relação ao da economia clássica, o que fez com rigor ao longo de todo o capítulo 1 de *O Capital*, representando isso de maneira sistemática na teoria do fetichismo da mercadoria.

do desenvolvimento do conceito" que "apenas reflete a essência da totalidade social da qual é a existência".[88] E, como a totalidade hegeliana seria movida por uma contradição simples, a noção de história daí emergente seria caracterizada pela "continuidade homogênea" do tempo e pela noção de conjuntura como uma contemporaneidade estrutural de todas as práticas dessa totalidade. A primeira consequência dessa interpretação seria a redução da ciência – ou da teoria – da história à mera periodização dos acontecimentos, ao pensamento das passagens de uma totalidade dialética a outra. Na mesma toada, tal concepção imporia o presente como horizonte absoluto da estrutura histórica e do seu conhecimento, interditando a referência teórica a "efeitos futuros dos fenômenos presentes"[89] e, portanto, expurgando de seu interior o conceito de "devir".

Althusser mira aqui a problemática historicista, que tomaria a teoria marxista como uma "visão de mundo" entre outras, eliminando tanto o seu caráter científico, quanto a própria especificidade da teoria em relação às outras práticas sociais. O autor faz alusão a uma série de intelectuais marxistas relevantes, principalmente Gramsci, associando a interpretação historicista e voluntarista de Marx a uma reação contra o mecanicismo e o economicismo da II Internacional. Segundo ele, contudo, o que ambos os polos do combate guardariam em comum, seria a inobservância do princípio de autonomia relativa entre as práticas sociais. Deixando de compreender a história como uma totalidade estruturada, as duas visões antípodas a conceberiam como realização de um tempo simples, diferenciando-se uma da outra apenas porque uma atribuiria à base do modo de produção o papel de tempo expressivo determinante, enquanto a outra o atribuiria à superestrutura. O historicismo enquanto problemática unitária, portanto, comportaria uma variação entre

---

88 ALTHUSSER, Louis; BALIBAR, Étienne et al. *Op. Cit.* p. 32.
89 Ibid., p. 34.

as posições fatalista e voluntarista dependendo do acento dado à dimensão econômica ou política.[90] Marx teria rompido com tal problemática ao estabelecer teoricamente a necessidade de se pensar inicialmente a estrutura do todo para só depois colocar a questão da sucessão temporal. Seria preciso então uma visão do "todo orgânico hierarquizado"[91] para que a questão do tempo fosse tratada em termos materialistas, eliminando-se daí a noção empirista de tempo. Tal visão da estrutura, portanto, imporia a questão da defasagem entre as diversas modalidades de práticas sociais e da diferença de eficácia da determinação que exerceriam umas sobre as outras. Assim, cada prática seria dotada de uma autonomia relativa em face das demais porque observaria um tempo próprio ao seu autodesenvolvimento. Assim, exemplificativamente, poderíamos ter uma crise ideológica que só depois é rebatida economicamente, ou que é contrabalançada politicamente sem impacto econômico. Ou então uma crise econômica que demora a exercer efeitos na prática política. Tudo isso teria que ver com o "tipo de dependência"[92] de cada uma dessas estruturas em relação às outras, de modo que o grau de dependência entre cada nível e a estrutura do todo seria uma questão da história de cada um desses níveis e dos modos da sua interação. Só com isso seria possível falar de história da filosofia, história da arte etc. de modo mais ou menos independente. Pois se sem dúvida não é possível compreender o desenrolar dessas histórias sem alusão aos outros níveis, por outro, não seria adequado reduzi-las a nenhum deles. Seria preciso, então, um conceito desses variados ritmos de operação:

> Não é possível dar conteúdo ao conceito de tempo histórico, a não ser definindo o tempo histórico, como a forma

---

90 Ibid., p. 83.
91 Ibid., p. 38.
92 Ibid., p. 39.

específica da existência da totalidade social considerada, existência em que diferentes níveis estruturais de temporalidade interferem em função das relações peculiares de correspondência, não-correspondência, articulação, defasagem e torção que mantêm mutuamente, em função da estrutura de conjunto do todo.[93]

Nesse sentido, Marx, ao formular uma teoria da complexidade da estrutura e dos variados índices de eficácia de cada prática social, conforme tentamos reconstruir nos tópicos acima, teria forjado epistemologicamente um a-historicismo ou anti-historicismo, capaz de dinamitar o suposto empirismo hegeliano do tempo.

1.7.2. A-humanismo

Retornando em seguida à diferenciação entre o objeto de *O Capital* e o da Economia Clássica que Marx teria deixado sem solução, Althusser retoma a questão da sua radicalidade: a teoria de Marx "questiona não apenas o objeto da Economia Política, mas *a própria Economia Política como objeto*".[94] Segundo o autor, a principal dificuldade da economia política estaria no fato de tomar seu objeto como algo "dado", sem efetivamente construí-lo teoricamente, enunciando-se, assim, apenas como o estudo das leis de produção e distribuição de riquezas nas sociedades humanas dadas. Desse modo, tal disciplina estaria apta a distribuir os fatos econômicos naturais no interior de um campo homogêneo, tornando-os mensuráveis e quantificáveis. Nesse sentido, os clássicos não teriam construído qualitativamente os seus conceitos, preocupando-se apenas em medi-los, quantitativamente, deixando, por exemplo, de se interrogar sobre a *forma do valor*, para centrarem seu foco na *quantidade do valor*.

Esse ponto de vista, segundo Althusser, imporia a tal disciplina, necessariamente, um fundamento silencioso. A "Economia

---

93   Ibid., p. 49.
94   Ibid., p. 105.

clássica só pode pensar os fatos econômicos como pertencentes ao espaço homogêneo de sua positividade e mensurabilidade, sob a condição de uma *antropologia 'ingênua'* que funde, nos sujeitos econômicos e suas necessidades, todos os atos pelos quais são produzidos, distribuídos, recebidos e consumidos os objetos econômicos".[95] Tal problemática, portanto, seria dependente da pressuposição de um *homo oeconomicus*, um sujeito cujas necessidades naturais seria o foco da economia real atender. Numa formulação reversa, a economia prática seria, portanto, o campo de circulação dos bens destinados a satisfazer as necessidades da natureza humana, razão pela qual o seu conceito seria aplicável sem maiores ruídos a qualquer período histórico.

Marx, por sua vez, teria rejeitado enfaticamente tanto essa problemática antropológica quanto o campo homogêneo nela fundado. Althusser chama a atenção para o fato de que na acepção de Marx, a produção capitalista tem por finalidade a acumulação, e não a satisfação de quaisquer necessidades humanas. Estas funcionariam como mera mediação desse objetivo determinante. Assim, as necessidades humanas só constituiriam objeto de interesse da economia capitalista à medida que pudessem ser satisfeitas mediante a observância das leis instituídas por esse campo. Daí que em Marx a determinação deveria ser vista como estrutural e não antropológica. Por isso, nele, o conceito de sujeito humano não apareceria como ponto de partida da problemática da produção e circulação de riquezas, mas como o seu resultado, como o *portador* e ponto de chegada de relações estruturais. Nesse sentido, o "verdadeiro Sujeito" dessa problemática não seriam os homens, mas as próprias relações de produção.[96] Daí a ideia de que Marx teria produzido a sua teoria como um a-humanismo ou anti-humanismo, isto é, como crítica de toda concepção que tome o homem como ponto de partida teórico.

---

95 Ibid., p. 110.
96 Ibid., p. 130.

O resumo apresentado neste tópico é evidentemente muito sumário. Sua função, contudo, não é a de reconstruir os procedimentos críticos de Althusser, cuja problemática tentamos elucidar mais acima neste capítulo. É, após a exposição dos principais impasses de seu projeto, chamar a atenção para o fato de que toda a construção epistemológica e estruturalista do Althusser "clássico" emergiu de questões colhidas no próprio texto de *O Capital*, e do enfrentamento aos inimigos reais que o autor argelino identificou ali. Assim, a construção da problemática de diferenciação entre objeto real e objeto de conhecimento, a concepção da história como uma totalidade complexa movida por uma causalidade estrutural, a elaboração de uma conceituação específica para pensar a autonomia das práticas não devem, apesar de toda evidência e mesmo do julgamento posterior do próprio Althusser, ser tidas como mero expediente especulativo, ou um contrabando ocioso de conceitos. Pelo contrário, a identificação dos inimigos do materialismo – empirismo, humanismo, historicismo – pelos seus nomes e sobrenomes – Adam Smith, David Ricardo, Antônio Gramsci – no interior e nos efeitos da obra de Marx, dá um caráter concreto e evidentemente prático ao empreendimento do primeiro Althusser. Por isso, apesar dos "riscos" "especulativos" e "racionalistas" contidos nessa proposta, é possível de se visualizar que o cerne do impulso teórico inicial de Althusser permanece vivo mesmo após as inúmeras críticas e autocríticas dirigidas a ele. Aparece, também, o quanto o procedimento de Althusser em relação ao marxismo se aproxima daquele utilizado por Bachelard em face das "ciências duras".

2
FILOSOFIA, CIÊNCIA, POLÍTICA

> *É meu destino só pensar em acalmar uma inquietação arriscando-me a outras, indefinidamente.* (Althusser, *O Futuro Dura Muito Tempo*)

Apesar das aquisições de Althusser em seus trabalhos publicados em 1965, os impasses a que chegou sua concepção epistemológica da filosofia logo começaram a ter grande impacto tanto em sua carreira universitária quanto em sua militância política. Por um lado, como afirmamos no capítulo anterior, certos vieses racionalistas e especulativos de sua definição da ciência e da filosofia produziram problemas espinhosos para o desenvolvimento de sua definição desta última, o que lhe atraiu uma série de críticas. Por outro lado, determinados efeitos políticos provenientes de suas posições provocaram enorme desconforto ao *bureau* do Partido Comunista Francês, o que fez com que chegasse a se tornar objeto de uma sessão do Comitê Central sobre a dita desestalinização.

A respeito dessa sessão, ocorrida em Argenteuil entre os dias 11 e 13 de março de 1966, Evangelista nos diz que "a tentação de considerá-la como o grande duelo entre um

Garaudy, campeão da velha ortodoxia, e o jovem Althusser é muito grande".¹ Ali, Althusser é acusado de dar importância demais à teoria, num "neocientificismo doutrinário" que, ainda segundo apurou Evangelista, seria responsável para Garaudy, por ferir "os sentimentos dos militantes comunistas", arriscando-se a "arrancar-lhes suas razões de agir e de viver".² Consta também, que foi acusado por Aragon de "corromper a juventude" com seu "maoísmo".³ Por outro lado, aparecem na ocasião alguns apontamentos pertinentes, como a dominação da esfera da prática política pela da teoria, à qual aludimos anteriormente.

Não nos deteremos aqui sobre o tema.⁴ Resgatamos essas passagens apenas para indicar que se no período que se seguiu à publicação de *Por Marx* e *Ler O Capital* Althusser alcançou reconhecimento mundial e angariou grande número de partidários, ele também enfrentou ataques ferozes, de modo que as dificuldades encontradas pela sua prática teórica tornaram-se rapidamente a pedra de toque de um discurso que visava invalidar teórica e politicamente a sua contribuição. Seja como for, as investidas no interior do partido, que lhe era tão caro, empurraram Althusser para um momento decisivo.

Se por um lado sua obra era de uma envergadura tal que não seria possível expurgá-la via o exercício burocrático de um

---

1 EVANGELISTA, Walter José. Althusser e a Psicanálise. In: ALTHUSSER, Louis. *Freud e Lacan. Marx e Freud*. Rio de Janeiro: Editora Graal, 1991, p. 27.
2 Ibid., p. 27.
3 LEWIS, William S. *Editorial Introduction to Louis Althusser's 'Letter to the Central Committee of the PCF, 18 March 1966'*. Historical Materialism 15, 2007, p. 142.
4 Para mais informações sobre a reunião e seu contexto ver LEWIS, William S. *Op. Cit.*; para um resumo dos debates sobre a obra de Althusser havidos no PCF, ver MAGALHÃES, Juliana Paula. A Polêmica sobre o Humanismo no Partido Comunista Francês. In: *Marxismo, Humanismo e Direito: Althusser e Garaudy*. São Paulo: Ideias & Letras, 2018, p. 35-60. A posição de Althusser, hostil às deliberações dessa reunião, pode ser lida numa carta não enviada por ele ao Comitê Central, escrita cinco dias depois do seu encerramento. Cf. ALTHUSSER, Louis. *Letter to the Central Committee of the PCF, 18 March 1966*. Historical Materialism 15, 2007, p. 153-179.

poder nu, por outro, os impasses de uma definição cientificista da filosofia marxista abriam um flanco a ser explorado por seus inimigos teóricos, não apenas provenientes das fileiras burguesas, mas, como se vê, também do próprio movimento operário alinhado à URSS ou social-democrata. Por isso, a carta escrita por ele dias após a sessão, mas jamais enviada ao Comitê Central, pôde ser considerada por William S. Lewis um marco da transformação do pensamento althusseriano sobre a prática filosófica.[5]

Logo chegou, portanto, o momento em que Althusser precisou voltar-se ao problema do estatuto teórico da filosofia marxista. O autor fez isso ao reconhecer que havia um "desvio" em sua concepção[6], o que o levou a formular uma hipótese sobre ele[7] para, em seguida, delimitar em que medida comprometia o todo da sua concepção.[8] A primeira indicação amplamente divulgada desse recuo deu-se na forma de uma "Advertência" que abria a reedição de 1967 de *Ler O Capital*, modificada e encurtada, cujas partes mais expressivas acabamos de anotar no rodapé. Mas antes disso Althusser já vinha se dedicando a uma pesquisa mais extensa, marcada, novamente, pela leitura sintomal e por mais um *retorno aos clássicos*, que ganhou a forma de conferências e notas que só foram impressas e divulgadas em grande escala posteriormente.

---

5 LEWIS, William S. *Op. Cit.* p. 136-137.
6 "Por outro lado, temos agora razões de sobra para pensar que uma das teses que apresentei sobre a *natureza da filosofia* exprime uma tendência 'teoricista', apesar de todos os esclarecimentos feitos. Mais precisamente, a definição (dada em *Pour Marx* e invocada no Prefácio de *Ler O Capital*) da filosofia como *teoria da prática teórica* é unilateral e portanto inexata. De fato, não se trata de simples equívoco de terminologia, mas de erro na própria concepção." (ALTHUSSER, Louis; BALIBAR, Étienne et al. *Ler O Capital I*. Rio de Janeiro: Jorge Zahar Editora, 1979, p. 8).
7 "Definir a filosofia de modo unilateral como teoria das práticas teóricas e, por conseguinte, como teoria da diferença das práticas) não passa de uma fórmula que só pode suscitar efeitos e ressonâncias teóricas e políticas ou 'especulativas' ou 'positivistas'." (Id., Ibid.).
8 "As consequências desse erro referente à definição da filosofia podem ser reconhecidas e delimitadas em alguns pontos precisos do prefácio de *Ler O Capital*. Mas a não ser quanto a pormenores insignificantes, essas consequências não prejudicam a análise que fizemos de *O Capital* ('O objeto de *O Capital*'), e a exposição de Balibar." (Id., Ibid.).

Como já dissemos, em suas obras de 1965 Althusser não diferenciava a filosofia da ciência por sua natureza, mas apenas por seu objeto, sendo aquela uma ciência da própria ciência. Contudo, já em 1967/68, em *Filosofia e Filosofia Espontânea dos Cientistas* e *Lênin e a Filosofia* a relação que conecta as duas práticas teóricas começa a se transformar profundamente. Com o resgate de uma dimensão política outrora em segundo plano, o papel da filosofia oscila, até que passe a ser encarada a partir de sua natureza mimética das outras práticas, sem, todavia, perder de vista seu vínculo umbilical com as ciências.

O primeiro passo nesse sentido se dá quando em *Filosofia e Filosofia Espontânea dos Cientistas* Althusser teoriza a consistência específica das proposições filosóficas, em contraste com as científicas. Segundo essa nova concepção, o discurso filosófico se expressaria não mais por meio de *leis*, mas de *teses*, que o autor define como "proposições dogmáticas", ou seja, proposições não passíveis de demonstração nem de prova. Uma tese não poderia, assim, ser tida nem como verdadeira, nem como falsa, mas como justa – no sentido de bem ajustada – ou não. Portanto, segundo ele, "todo o conhecimento objetivo sobre a filosofia é ao mesmo tempo posição *na filosofia*, portanto Tese na e sobre a filosofia"[9], daí o alerta de que "se é indispensável *sair* da filosofia para compreendê-la, deve-se ter cuidado com a ilusão de poder fornecer uma definição (...) da filosofia que possa fugir *radicalmente* à filosofia".[10]

Assim, para o Althusser de 1967-1968 a filosofia já não é mais uma ciência. Isso pode ser observado, segundo ele, a partir da comparação dos efeitos dessas duas modalidades de pensamento. Pois enquanto a ciência produziria um efeito *teórico/de conhecimento*, a filosofia, por seu turno, produziria um efeito

---

9 Id., Ibid.
10 ALTHUSSER, Louis. *Filosofia e Filosofia Espontânea dos Cientistas*. Lisboa: Presença, 1979, p. 66.

prático/de ajustamento. Desses efeitos – conhecimento e ajustamento –, Althusser depreende que enquanto a ciência tem um *objeto* próprio, a filosofia não pode ter senão um *campo de intervenção*. Daí que, onde a ciência opera conceitos, a filosofia operaria categorias. E enquanto o conceito científico seria mutável, transformando-se com o desenvolvimento da sua disciplina, a categoria filosófica seria eterna, porque absoluta. Por isso o autor pode dizer da ciência que tem um método, enquanto a filosofia disporia de um sistema de categorias que podem, quando muito, *funcionar* como um "método filosófico". Desse modo, o surgimento de um novo conhecimento científico tenderia a eliminar os erros teóricos anteriores – combatendo a ideologia –, ao passo que um novo ajuste filosófico só inverteria a correlação de forças entre tendências perenes – reconfigurando o campo ideológico.

À vista disso, se a origem da filosofia ainda é pensada com base na origem da ciência, ao se desenvolver, aquela pode pôr no foco de seu interesse qualquer outra prática, e não apenas as científicas. Althusser retoma um tema "clássico": para que uma filosofia surja, é preciso que estejam dadas determinadas condições, sendo que a principal delas seria a existência de uma ciência.[11] Haveria, assim, uma relação causal, mesmo que não mecânica, entre o surgimento de uma ciência e o surgimento de uma filosofia. Althusser ilustra sua tese a partir da correlação entre o surgimento da matemática e a fundação da filosofia com Platão, a física galileana e a filosofia de Descartes, a descoberta de Newton e o sistema de Kant, os axiomáticos de Husserl etc. para adicionar que a filosofia não apenas nasce com o nascimento de uma ciência, mas se remodela com seu desenvolvimento. E isso porque

---

11   "A relação da filosofia com as ciências constitui a determinação específica da filosofia... *Fora da sua relação com a ciência a filosofia não existiria*." (ALTHUSSER, Louis. *Op. Cit.* p. 79).

apenas uma ciência poderia fornecer o padrão de discurso racional que uma filosofia precisa para existir:

> A prova disto [de que a ciência é condição da filosofia] é que a filosofia não existe (e não pode separar-se dos mitos, da religião, da exortação moral ou política, e da sensibilidade estética) senão com a condição absoluta de poder oferecer, ela mesma, um discurso racional puro, isto é, um discurso racional, cujo modelo a filosofia só pode encontrar no discurso rigoroso das ciências existentes.[12]

Nesse sentido, seria justo afirmar que a filosofia tem um funcionamento mimético em relação à ciência. Com isso, o autor não pretende afirmar que cada ciência produz automaticamente uma filosofia, mas que a ciência e o seu desenvolvimento funcionam como condição de possibilidade do discurso filosófico. Isso explica a afirmação de que entre uma e outra haveria uma relação de "*atraso necessário*".[13] Daí Althusser extrai a consequência de que o surgimento de uma nova ciência abre o espaço para uma nova filosofia. Portanto, se "Marx abriu, verdadeiramente, ao conhecimento científico um novo continente, a sua descoberta científica deveria provocar (...) uma importante remodelação na filosofia", de modo que teríamos "probabilidades de encontrar na gestação da ciência marxista, elementos teóricos para elaborar (...) a filosofia marxista".[14]

Também já indicamos anteriormente que, na visão de Althusser, Marx não teria extraído as consequências filosóficas adequadas à sua descoberta científica, o que constituiria a própria razão de ser do projeto filosófico althusseriano. Mas o que o autor introduz de novo em *Lênin e a Filosofia* é a asserção de que Lenin teria sido o primeiro a andar na trilha de uma *nova*

---
12 ALTHUSSER, Louis. *A Transformação da Filosofia. Seguido de Marx e Lênin perante Hegel*. São Paulo: Edições Mandacaru, 1989, p. 16.
13 ALTHUSSER, Louis. *Lênin e a Filosofia*. São Paulo: Mandacaru, 1989, p. 38.
14 Ibid., p. 36.

prática filosófica, apenas anunciada nas teses de Feuerbach, mas jamais entregue pelo próprio Marx.

Essa prática consistiria, em primeiro lugar, em perguntar *o que é*, afinal, a filosofia. Interrogar a filosofia sobre a sua própria natureza, forçando-a a produzir algo que se aproxime de um conhecimento objetivo sobre si. Essa questão, ao sair da pena de Lênin, teria feito escandalizarem-se todos os filósofos profissionais. Pois para o autor argelino o aparente desprezo demonstrado pela filosofia em face do político Lênin seria a marca exterior de um medo inconfessável a emanar do seu próprio âmago. "Tudo o que concerne à política pode ser mortal para a filosofia, pois esta depende daquela",[15] já que o desvelar da relação necessária que estabelece a filosofia com a política, revelaria, e mais, a obrigaria a revelar, que não é mais do que "ruminação".[16] Aqui, portanto, a filosofia deixaria de ter a ciência como única condição, passando a pressupor, também, a política, com a qual nutriria, como veremos adiante, também uma relação mimética.

2.1. A relação entre a filosofia e a ciência

Mas antes de discutirmos o vínculo entre filosofia e política, convém retomar a visão de Althusser sobre a relação entre filosofia e ciências nessa primeira fase de autocrítica. Observamos que a filosofia sempre seguiu o surgimento e as revoluções das ciências, já que aquela teria por campo de intervenção a "realidade indistinta onde figuram as ciências e as ideologias

---

15 ALTHUSSER, Louis. *Op. Cit.* p. 18.
16 "A filosofia universitária, ou qualquer outra, também neste ponto não se engana. Se resiste tão furiosamente a este combate aparentemente acidental em que um simples político lhe propõe começar a conhecer o que seja a filosofia, é porque este embate *acerta* no ponto mais sensível, no ponto intolerável, no ponto em que *sangra a ferida*, nisto de não ser a filosofia, tradicionalmente, mais que ruminação, precisamente no ponto em que, para se conhecer na sua teoria, a filosofia deve reconhecer ser apenas política investida de uma certa maneira, política continuada de uma certa forma, ruminada de uma certa forma." (Ibid., p. 22).

teóricas e a própria filosofia",[17] isto é, a teoria. Caracteriza-se, portanto, por *intervenções teóricas*. Essas intervenções se dariam, como vimos, por meio de *teses*, definidas como proposições dogmáticas. O que quer dizer que de uma tese não se pode esperar provas ou demonstrações, mas apenas justificativas. Essas teses, que podem ser justas ou não – mas jamais erradas, pois a filosofia nunca erra –, teriam como único *efeito*, e é isso que nos interessará aqui, separar ideias e teorias umas das outras. Nas suas palavras:

> As proposições filosóficas têm justamente como efeito produzir distinções 'críticas', isto é, 'fazer uma triagem', separar as ideias umas das outras e mesmo forjar ideias *próprias* para tornar perceptíveis a sua separação e a sua necessidade. Teoricamente podemos exprimir este efeito dizendo que a filosofia 'divide' (Platão), 'traça linhas de demarcação' (Lênin), produz (no sentido de tornar manifestas, visíveis) distinções, diferenças.[18]

Linhas de demarcação que, por sua vez, teriam a função de distinguir ideias consideradas falsas de ideias consideradas verdadeiras, tornando assim visível algo da realidade que antes era invisível. Demarcação e visibilização. A filosofia materialista de Lênin, por exemplo, traçaria essa linha de demarcação para preservar a prática científica dos ataques ideológicos. Para Althusser, no entanto, toda filosofia posiciona-se produzindo distinções que têm como único fito afastar as filosofias opostas. Esse traçado, assim, nos ajudaria a desvendar outra dimensão da relação entre ciência e filosofia. No que tange à ciência, a filosofia se resumiria a uma eterna batalha entre duas tendências, uma idealista e uma materialista,[19] na qual

---

17 Ibid., p. 75.
18 Ibid., p. 15.
19 "Podemos dizer provisoriamente que a filosofia, praticada sobre estas posições, tem por função essencial traçar linhas de demarcação, que parecem todas poder reconduzir-se

o destino das ciências seria virtualmente jogado, uma disputa entre a preservação e a exploração para propósitos ideológicos da prática científica.

Essa tese nos remete, portanto, a uma concepção de filosofia como um movimento circular em torno de um vazio, em que duas tendências tentariam se anular. A filosofia como campo de batalha. Daí a ideia de que a filosofia não teria um objeto próprio, não no sentido de que não forje objetos para si, o que faz, mas no sentido de que não tem objetos *de conhecimento*, cuja correspondência poderia abrir as portas a um desvendamento infinito e em certo sentido cumulativo. Assim, na falta desse objeto, nada poderia acontecer na filosofia além da "ruminação" de argumentos representativos de seu conflito fundamental.

Mas não é por girar em torno de um vazio que a filosofia é "inútil", deixando de interferir na constituição do mundo. No seu trabalho de produzir e ordenar categorias que têm sempre por objetivo impor a si mesmas novas hierarquias, anulando as hierarquias anteriormente vigentes, a filosofia produziria efeitos na ciência. Essa incessante decomposição-recomposição categorial que alterna o polo dominante no binômio matéria-espírito, que se "esborracha" sempre caindo para dentro de si mesma, desaparecendo nos efeitos da sua própria intervenção, interviria em si para alterar algo que estaria além da sua fronteira.

Essa interferência poderia ser observada em diversas ocasiões. Em primeiro lugar, no que caracterizaria a sua posição/ dimensão materialista, a filosofia pode funcionar como o laboratório teórico que forja as categorias das quais a ciência e a política necessitam. Não é nisso, afinal, que consiste uma parcela considerável do trabalho empenhado por Althusser em *Por*

---

em última análise à linha de demarcação *entre o científico e o ideológico*. Daí a Tese 22. Todas as linhas de demarcação que traça a filosofia reconduzem-se a modalidades duma linha fundamental: entre o científico e o ideológico." (ALTHUSSER, Louis. *Op. Cit.* p. 63).

Marx?[20] Daí decorre imediatamente sua função de removedora de "obstáculos epistemológicos",[21] já que tais operações – estabelecer demarcações, gerar questões, enunciar teses – produziriam um traçado apto a separar científico e ideológico, dissolvendo barreiras que poderiam impedir que os problemas científicos e políticos sejam colocados adequadamente[22] – o que quer dizer que a dimensão epistemológica da filosofia não desaparece com a autocrítica althusseriana, mas apenas deixa de ser o centro da sua atividade. Mas há também uma função típica de intervenção da filosofia idealista, que agiria como o substituto ideológico para uma base teórica que falta à ciência. Aqui, em vez de utilizar a filosofia para remover as dificuldades que incidem sobre a produção de um objeto teórico, as "ciências" sem objeto fariam uso de categorias filosóficas para varrê-las para debaixo do tapete.

Althusser ilustra essa função mediante uma referência a eventos do século XVIII francês. Sabe-se que até o advento da Revolução Francesa, e mesmo depois, o domínio ideológico na França, tanto teórico quanto prático, tinha as cores de uma aliança entre a aristocracia e o clero. Desse modo, a prática científica sofria severos influxos de uma ideologia espontânea,

---

20 "É claro que as novas categorias filosóficas se elaboram no trabalho da nova ciência, mas também é verdade que em certos casos (precisamente: Platão, Descartes) aquilo a que chamamos filosofia serve também de laboratório teórico onde são aperfeiçoadas novas categorias necessárias à conceptualização da nova ciência. Por exemplo, não foi no Cartesianismo que foi elaborada a nova categoria da causalidade necessária à física galileana que tropeçava na causa aristotélica como sobre um 'obstáculo epistemológico'?" (ALTHUSSER, Louis. *Op. Cit.* p. 35).
21 "Há ideias falsas sobre a ciência, não apenas na cabeça dos filósofos, mas na cabeça dos próprios cientistas. Falsas 'evidências' que, longe de serem meios de progredir, são na realidade 'obstáculos epistemológicos' (Bachelard). É necessário criticá-los e reduzi-los, mostrando os problemas reais que encobre debaixo das soluções imaginárias que enunciam (Tese 9)." (ALTHUSESR, Louis. *Filosofia e Filosofia Espontânea dos Cientistas*. Lisboa: Presença, 1979, p. 41).
22 Mas como a filosofia não é ciência do todo, não dá solução a estes problemas. Ela intervém doutra maneira: enunciando teses que contribuem para desimpedir a via para a justa posição destes problemas (Ibid., p. 27).

mas também de uma filosofia religiosa relativamente elaborada. Podemos encontrar em Bachelard uma dezena de passagens que o reforçam:

> Seria possível, aliás, escrever um livro com o estudo das obras, ainda numerosas no século XVIII, em que a Física está associada à Teologia, em que o Gênese é considerado uma Cosmogonia científica, em que a História do Céu é considerada 'segundo as idéias dos Poetas, dos Filósofos e de Moisés'. Livros como o do abbé Pluche, que trabalha com essa inspiração, encontram-se, no século XVIII, nas mãos de todos. São reimpressos várias vezes até o fim do século.[23]

É igualmente célebre que nesse mesmo período chegou ao seu ápice o movimento Iluminista, que mediante grande número de intervenções filosóficas combateu ferozmente essa ideologia religiosa. Teria sido possível sentir aí um grande impacto da filosofia sobre as ciências, tanto na defesa ideológica de sua prática, quanto na eliminação de obstáculos epistemológicos que preenchiam o interior de seu campo de ação, estabelecendo uma continuidade imaginária entre ciência e ideologia. Sem dúvida se trata de um evento limite, mas Althusser sustenta que esse tipo de influência pode ser percebida, ainda que possivelmente em menor escala, em todos os momentos, já que a ciência não cessa, como vimos, de receber ataques da ideologia.

As doutrinas iluministas, portanto, teriam sido capazes de, em condições históricas determinadas, exercer um papel filosófico materialista, auxiliando a ciência em sua prática. E aí residiria uma outra questão de extremo interesse para a compreensão da prática filosófica. Pois ao atacar a ideologia religiosa, o Iluminismo teria feito avançar as ciências num certo sentido, sob

---

[23] BACHELARD, Gaston. *A Formação do Espírito Científico*. Rio de Janeiro: Editora Contraponto, 1996, p. 108.

a orquestra de sua dimensão materialista, ao mesmo tempo em que impôs, em outro local – precisamente onde é a mensageira suprema da ideologia jurídica e da causalidade mecanicista –, toda uma série de novos obstáculos epistemológicos, por meio dos quais pôde exprimir sua dimensão idealista. Tal indicação teria o condão de nos fazer entender o sentido relacional da prática filosófica,[24] o caráter conjuntural de seus resultados e a tensão do vínculo que estabeleceria com as ciências.

Quanto a este caráter conjuntural, Althusser é sempre muito insistente. Praticamente todos os seus textos têm na conjuntura da intervenção o seu ponto inicial, e grande parte do interesse que virá depois a demonstrar por Maquiavel guarda esse sentido. O caso é que, por seu caráter político, a filosofia relaciona-se de modo sensível com a conjuntura, e para comprová-lo bastaria indicar brevemente o fato de que a mesma proposição "É o Homem que faz a história" teria podido cumprir um papel revolucionário em 1789 e um papel conservador na viragem social-democrata do movimento operário do século XX. Tudo isso por conta de um deslocamento conjuntural em que a ideologia aristocrático-religiosa – "Deus faz a história" – é substituída pela ideologia burguesa-jurídica – "Os homens nascem livres e iguais em direito". Uma nova conjuntura, portanto, recolocaria os termos das questões políticas, científicas, sociais etc., reestruturando toda a lógica do sentido das proposições filosóficas, que se estabilizariam justamente na oposição que estabelecem umas em face das outras.

---

24   Esta tese pode se esclarecer naquele que é o último registro do pensamento althusseriano que veio a público, *Filosofia e Marxismo*. "Penso que em toda filosofia pode-se descobrir elementos idealistas e materialistas, com ênfase, obviamente, para uma das duas posições. Em outras palavras, não há uma divisão severa e cortante, pois em uma filosofia qualificada de idealista podem encontrar-se elementos materialistas e vice-versa. O certo é que não há filosofia que seja absolutamente pura. O que há são tendências." (ALTHUSSER, Louis; NAVARRO, Fernanda. *Marxismo y Filosofia*. México DF: Siglo XXI, 1988, p. 46).

2.2. A relação entre a filosofia e a política

Com isso Althusser faz ver, mesmo que talvez um pouco precariamente, que o andar em círculos da filosofia, ao colocar determinadas categorias no poder, subjugando outras, produz efeitos práticos que excedem o seu próprio campo de intervenção. No entanto, do ponto de vista de sua própria atividade, todo esse jogo de inversões – de deslocamento de categorias sob verdades últimas – não deixaria de ser um jogo de *tomada de poder*, uma tomada de poder que pela própria natureza da filosofia não poderia ser outra coisa que uma *tomada de poder sem objeto*, mas que nos levaria diretamente ao vínculo existente entre a filosofia e lógica de funcionamento da política.

A partir das voltas dessa hierarquização categorial em que tudo se resolve pela conquista de uma hegemonia é que Althusser pode falar da filosofia como representação em última instância da luta de classes na teoria. A filosofia seria então, para o Lênin lido pelo autor argelino, "a política continuada de uma certa maneira, num certo domínio, a propósito de uma certa realidade. A filosofia representaria a política no domínio da teoria, para ser mais exato: junto das ciências".[25] O autor enfatiza a palavra "representação". Com isso, pretende respeitar o limite da proposição em questão: não se trata de reduzir filosofia a luta de classes – como no caso da luta ideológica – mas de indicar um nexo constitutivo, no qual a política, assim com a ciência, funcionaria "fixando a natureza do ato filosófico".[26]

A prática filosófica, portanto, passaria a ter também uma relação privilegiada com a política. Nesse sentido, estar no interior do campo filosófico significaria tomar partido numa batalha em torno do vazio, numa disputa bipolar pela objetividade do conhecimento e pela ciência. Ruminações, diria Lênin. Ainda que

---

25 ALTHUSSER, Louis. *Lênin e a Filosofia*. São Paulo: Mandacaru, 1989, p. 65.
26 BADIOU, Alain. Política e Filosofia: Louis Althusser. In: BADIOU, Alain. *Para uma Nova Teoria do Sujeito*. Rio de Janeiro: Relume-Dumará, 1994, p. 89.

plenas de efeitos, ruminações. Seria essa, então, a verdade escandalosa que Lênin viria nos revelar com sua obra filosófica. Pois se é verdade que toda a história da filosofia é a história desse embate, seria igualmente verdadeiro que a grande maioria dos discursos pronunciados em seu nome tenta por todos os meios negá-lo:

> Desde que existe filosofia, desde o *Oewpeiv* de Platão, até ao filósofo como 'funcionário da humanidade' de Husserl e mesmo até ao Heidegger de certos textos, a história da filosofia é dominada também por esta repetição que é a repetição de uma contradição: *a negação teórica da sua própria prática e dos gigantescos esforços teóricos para registar esta negação em discursos coerentes.*[27]

O gênio de Lênin estaria justamente em assumir que toma uma posição, em última instância, de classe, rompendo com a atitude condescendente que teria sido até então e quase sem exceções o pacto impronunciável de todos os filósofos. Tal atitude teria significado, assim, um passo pioneiro na compreensão da natureza do afazer filosófico. Daí a constatação da irredutibilidade da filosofia à ciência e também à política – apesar de algumas "suturas" ainda oscilantes nessa época – bem como da relação privilegiada a conectar aquela a estas duas. Althusser crê, portanto, que para Lênin "nenhuma filosofia pode escapar a esta condição, evadir-se do determinismo desta dupla representação, em suma, que a filosofia existe algures, como uma terceira instância, entre estas duas instâncias maiores que a constituem".[28]

Em *Resposta a John Lewis*, texto mais amadurecido, publicado em 1972, Althusser enuncia uma posição já estável sobre tal concepção, agregando-lhe, além da ciência e da política, outras práticas condicionantes, fazendo com que a filosofia possa funcionar como mimese da lógica das diversas práticas sociais:

---

27 ALTHUSSER, Louis. *Op. Cit.* p. 64.
28 Ibid., p. 65.

1) A filosofia não é o Saber absoluto, nem a Ciência das Ciências, nem a Ciência das Práticas. O que significa: não detém a Verdade absoluta, nem sobre nenhuma ciência, nem sobre nenhuma prática. (...) a filosofia tem como *meta* os problemas reais das práticas sociais. Já que não é (uma) ciência, a relação da filosofia com esses problemas não é uma relação *técnica de aplicação*. A filosofia não fornece fórmulas que seria preciso 'aplicar' a problemas: a filosofia não se aplica. A filosofia atua de modo inteiramente diverso. Digamos: modificando a *posição* dos problemas, modificando a *relação* entre as práticas e seus objetos".[29]

Extrairemos as consequências disso ao analisar, em seguida, um texto decisivo sobre o tema: *A Transformação da Filosofia*, de 1976.

2.3. Filosofia, ciência, política, ideologia

2.3.1. Tomada de poder na teoria

Com *Lênin e a Filosofia*, Althusser pôde defender que a grande maioria das filosofias que conhecemos atua, consciente ou inconscientemente, mediante um grande esforço que visaria encobrir a natureza de sua própria prática. Em outras palavras, que a filosofia não faz mais do que tomar partido numa luta entre idealismo e materialismo, mas que estaria no sentido nuclear de sua atividade negar este seu componente fundador. Agora com *A Transformação da Filosofia* poderemos ver que a "filosofia produzida como filosofia",[30] tida sempre como um "jogo de nada", que

---

29 ALTHUSSER, Louis. *Posições 1*. Rio de Janeiro: Graal, 1978, p. 35. É exatamente este "salto", que por economia textual não abordamos em detalhe, que desfaz a sutura da filosofia em relação à política. Em *Lênin e a Filosofia* o estabelecimento do nexo entre filosofia e política é demasiado ambíguo para dar abertura a uma interpretação que denominamos suturada. Em *Resposta a John Lewis*, entretanto, o termo "política na teoria" é abandonado e o termo "em última instância luta de classes na teoria" entra em cena. No presente caso, forçamos o sintoma desta última categoria no texto anterior para que a tese central fosse exposta sem que nos perdêssemos em muitos detalhes.
30 Em *A Transformação da Filosofia* Althusser empregará o termo "filosofia produzida como filosofia" para designar as grandes filosofias que, ao contrário da filosofia marxista –

tomaria da ciência a matriz do seu discurso racional, apresenta-se na consciência que tem de si mesma, paradoxalmente, como a própria ciência do todo, fiadora da verdade sobre todos os objetos, operando no interior do seu próprio discurso uma inversão por meio da qual se estabeleceria como a condição de possibilidade *sine qua non* de toda ciência. Na ossatura dessa inversão encontraremos, segundo Althusser, uma primeira mediação rumo ao vínculo que une filosofia e ideologia: a questão de como a filosofia constrói "objetos" unificados sob a égide de uma Verdade. A "filosofia dos filósofos" considera, segundo Althusser, que tem uma tarefa indispensável, que é a de dizer a Verdade sobre todas as práticas sociais, motivo pelo qual se apoderaria da ciência, da política, ajustando-as no interior do seu sistema de Totalidade. Mas esse apoderar-se, essa dominação, se constituiria através de um expediente muito específico, em que a filosofia submeteria as práticas materiais à sua própria forma, decodificando-as como seus "objetos" próprios.

> Numa palavra: a produção da filosofia enquanto 'filosofia' respeita a todas as ideias e todas as práticas humanas, mas subordinando sempre todas elas à 'filosofia', isto é, submetendo-as a uma 'forma filosófica', radical. E é este processo de 'subordinação' das práticas e ideias humanas à 'forma filosófica' que vemos realizar-se nos diálogos, nos tratados e nos sistemas filosóficos.[31]

Essa forma de incorporação das práticas feitas ideias filosóficas se daria, portanto, mediante uma torção. Pois quando a filosofia nos fala de ciência, esclarece Althusser, ela está falando, na verdade, de um conceito deformado de ciência, que é o resultado necessário da adaptação do conceito de ciência no interior

---

que não teria se produzido *como* filosofia, mas de outro modo – se estabeleceram mediante a negação da natureza de sua própria prática.
31 ALTHUSSER, Louis. *A Transformação da Filosofia. Seguido de Marx e Lênin perante Hegel*. São Paulo: Edições Mandacaru, 1989, p. 19.

de um sistema de categorias filosóficas. Althusser diz do mundo reconstruído pela filosofia, portanto, que é "unificado enquanto desarticulado e rearticulado". Isso é pleno de significação à medida que no ato de decompor o mundo em elementos e remontá-lo novamente, a filosofia alteraria o lugar de direito de cada uma das peças que são sua matéria-prima, estabelecendo uma nova hierarquia para elas. E aí não residiria nada de banal já que, muito mais do que a dominação de objetos da totalidade social, o que daria significado efetivo à prática filosófica seria o modo como distribui, organiza, prioriza, alguns em detrimento de outros.

Por isso, a filosofia, para Althusser, não se refere fortuitamente a nenhuma prática. Ao dar poder a determinados elementos do todo – hierarquização –, a filosofia produziria a si mesma. Ela não seria, nesse sentido, outra coisa além do todo reordenado que ela cria, a ordem dos elementos que pela singularidade de suas posições forjam uma nova lógica de sentido. Ao decompor e recompor, cortar e costurar retalhos, a filosofia elaboraria um planetário com os elementos que julga mais significativos, fabricando categorias que funcionam como referente ideológico dos objetos reais que lhe escapam, como a ciência, a moral etc. É por meio disso que a filosofia conseguira produzir a si mesma como totalidade sem exterior capaz de enunciar como resultado incontestável a sua própria Verdade. Assim, esse esvaziamento da referencialidade do "objeto" filosófico em face do objeto científico, tanto mais imperceptível quanto mais poderoso o efeito ideológico dele proveniente, seria o resultado da acomodação das práticas enquanto "objetos" filosóficos coabitantes sob o signo de uma única Verdade, que constituiria o produto final e a substância própria de cada filosofia.

Dito isso, impõe-se interrogar *de onde as filosofias retiram a Verdade* que confere sentido aos seus elementos e à totalidade que os unifica. A essa questão Althusser responde em *Filosofia e Filosofia Espontânea dos Cientistas* que é da sua relação com a ideologia. Que é no seu trabalho de impor os valores de uma determinada ideologia prática como ideologia dominante que a filosofia produzida como filosofia "conquista" a sua verdade. Desse modo, poderíamos dizer que quando uma filosofia toma o poder, são os valores de uma ideologia prática determinada que governam. É isso que Althusser tinha em mente quando propôs que a filosofia idealista explora as ciências em proveito da ideologia.

Na primeira página do tópico "Existe uma exploração das ciências pela filosofia" contido em *Filosofia e Filosofia Espontânea dos Cientistas,* Althusser diz que:

> a imensa *maioria* das filosofias conhecidas sempre *exploraram*, na história da filosofia, as ciências (e não apenas os seus fracassos) em proveito dos 'valores' (termo provisório) das *ideologias práticas*: religiosa, moral, jurídica, estética, política etc. É uma das características essenciais do idealismo.[32]

Ele pretende *justificar* essa tese por meio de uma ilustração em que estabelece a conexão entre filosofias francesas determinadas e as ideologias práticas que lhe correspondem. Inicia apenas citando as filosofias de Pascal e Teilhard de Chardin e como elas teriam explorado, em prol da religião, "para fins apologéticos, exteriores às ciências, as 'grandes contradições' teóricas das ciências do seu tempo".[33] Depois disso, aborda o "caso das filosofias *espiritualistas*" que rotula como "um pouco mais complicado",[34] uma vez que elas apresentariam conexões mais consistentes com as categorias filosóficas provenientes da história da filosofia. Podendo já firmar um primeiro paralelo, o autor nos diz que o que distingue as filosofias espiritualistas das religiosas

---

32 ALTHUSSER, Louis. *Filosofia e Filosofia Espontânea dos Cientistas.* Lisboa: Presença, p. 103-104.
33 Ibid., p. 105.
34 Id., Ibid.

é que, apesar de ambas explorarem as ciências "*diretamente* em benefício de temas abertamente religiosos",³⁵ e até mesmo sob certa estética canônica, quem de fato se beneficia disso são os temas do Homem – o Espírito humano, a Liberdade humana, os Valores morais humanos. Aqui Bergson torna-se o principal exemplo, dando lugar a breves conexões entre conceitos como o de "suplemento de alma" e de "valores humanos" e o imaginário moralista de uma "defesa de nossa civilização". Algo obscuro no texto, mas que vai se tornando mais palatável à medida que Garaudy entra em cena. Uma vez mais encontramos os temas do humanismo marxista, e de como esse enfoque poria a perder a potência compreensiva da ciência marxista, utilizando-a como justificativa para objetivos que estariam longe de ser os seus, "'objetivos' de tal modo falhos de garantia que se veem na necessidade de subtrair fraudulentamente ao prestígio das ciências".³⁶ Neste ponto o paralelo se completa. Se as filosofias religiosas exploram as ciências em nome de uma ideologia prática religiosa, as filosofias espiritualistas o fariam em favor da ideologia prática moral, que, numa dada conjuntura, teria abandonado o caráter subordinado que comumente ocupara para assumir uma posição dominante na produção de valores:

> E podemo-lo verificar naquilo em que todas as filosofias espiritualistas culminam no comentário do Bem: numa Moral, numa Sabedoria, que mais não são do que a exaltação da Liberdade humana, quer seja contemplativa ou prática (prática-moral), na exaltação da Liberdade criadora simultaneamente moral e estética. A este nível supremo, o Belo da criação estética e o Bem da criação moral (ou até religiosa: no sentido em que a religião é a forma superior da moral) terçam, sob a bênção da Liberdade humana e no seu elemento, as suas armas e encantos.³⁷

---

35 Ibid., p. 108.
36 Ibid., p. 113.
37 Id., Ibid.

Faz parte ainda da ilustração do autor a filosofia idealista clássica, e é aqui que o argumento se torna mais claro. Num primeiro momento, diz Althusser, o confronto com filosofias como a de Descartes, Kant ou Husserl nos indicaria uma relação consideravelmente mais complexa com as ciências do que a que estabelecem as filosofias religiosas e espiritualistas. Descartes foi um grande matemático e deu contribuições importantes quanto ao método das ciências. Kant, indo ainda mais longe, teria denunciado as "ciências sem objeto" e praticamente inaugurado o campo da epistemologia, enquanto Husserl "se alimentava de matemáticas e de lógica matemática".[38] No entanto, mesmo "pretendendo reconhecer os direitos da ciência", todas essas filosofias apareceriam como "disciplina[s] que diz[em] o *direito* sobre as ciências, pois põe[m] a *questão de direito* e responde[m] fornecendo *títulos de direito* ao conhecimento científico".[39] Elas se apresentariam, portanto, como garantias jurídicas dos direitos das ciências e como registro dos seus limites.

O problema da garantia do conhecimento entraria em questão com elas: Quem pode garantir que o conhecimento produzido pela ciência é de fato conhecimento? Quais sãos os limites da sua objetividade? Aqui os "direitos da ciência" seriam usurpados via um "processo idealista racionalista-crítico" em que a filosofia levantaria uma questão vinda do exterior da ciência, para ao mesmo tempo ser a única instância capaz de respondê-la. Esse exterior de onde emanaria a questão do conhecimento não pode ser outro, segundo Althusser, que a *ideologia prática* jurídica. E aqui a relação entre filosofia e ideologia passa a nos interessar duplamente:

> Pode-se com efeito dizer que toda a filosofia burguesa (os seus grandes representantes dominantes, porque é preciso

---
38 Ibid., p. 115.
39 Ibid., p. 116.

não esquecer os subalternos, que fabricam em segunda mão filosofia religiosa ou espiritualista) não é mais do que a repetição e o comentário filosófico da ideologia jurídica burguesa (...). Que a intervenção maior desta 'questão de direito' no próprio coração da filosofia burguesa diga respeito ao domínio da ideologia jurídica, não devia sequer prestar-se à contestação, se bem que seja uma 'verdade' desconhecida, e com boas razões. Mas que a 'teoria do conhecimento' seja inteiramente baseada no *pressuposto* desta questão prévia, que os desenvolvimentos e portanto os resultados desta 'teoria do conhecimento' sejam no fundo comandados e contaminados por esse pressuposto de origem externa, eis o que é mais difícil de admitir.[40]

Os indícios dessa conexão, contudo, multiplicam-se na obra do autor. Althusser interroga-se se seria mero acaso o fato de essa "questão de direito" ser respondida na filosofia clássica sempre a partir da categoria de sujeito. *Ego cogito*, sujeito transcendental, o par sujeito-objeto, a categoria da consciência etc. Em *Elementos de Autocrítica* Althusser falará ainda da "oposição que constitui a base da ideologia jurídica e filosófica burguesa, a oposição da *Pessoa* (Liberdade = Vontade = Direito) e da *Coisa*"[41] ao que segue esta decisiva nota:

> Quanto aos filósofos, ainda não atravessaram o nevoeiro em que se envolvem e quase não suspeitam da presença do Direito e da ideologia jurídica em suas meditações: na própria Filosofia. No entanto, deveremos nos curvar à simples evidência: a Filosofia clássica burguesa dominante (e seus subprodutos mesmo modernos) está edificada sobre a ideologia jurídica, e seus 'objetos filosóficos' (a Filosofia não tem objeto, ela tem *seus* objetos) são categorias ou entidades jurídicas: o Sujeito, o Objeto, a Liberdade, a Vontade, a Propriedade, a Representação, a Pessoa, a Coisa

---

40 Ibid., p. 118.
41 Id. *Posições 1*. Rio de Janeiro: Graal, 1978, p. 89.

etc. Mas para aqueles marxistas, que sentiram o caráter jurídico burguês dessas categorias, e as críticas, resta-lhes ainda se separarem da armadilha das armadilhas: a ideia e o programa de uma "*teoria do conhecimento*". É a peça-mestra da filosofia burguesa clássica, ainda dominante. Então ao menos que se utilize essa expressão em um contexto que indique *por onde então* sair, do modo filosófico e não do modo científico de 'sair' (como o fazem Lênin e Mao), toma-se essa ideia como constitutiva da Filosofia, inclusive de uma 'Filosofia marxista', e permanecemos presos na armadilha das armadilhas filosóficas da ideologia burguesa. Pois a simples *questão* à qual responde a 'teoria do conhecimento' é ainda uma *questão de Direito* colocada nos títulos de validade do conhecimento.[42]

Com isso vemos que na sua defesa restrita das ciências – pois a defendeu efetivamente contra o obscurantismo religioso – a ideologia burguesa encontraria o seu limite, justamente no ponto em que as submeteria a uma questão para a qual já tem uma resposta imaginária. É justamente nesta operação, consciente ou inconscientemente fraudulenta, que a filosofia clássica da burguesia fundamentaria a própria importância e estabeleceria o seu domínio sobre o campo teórico, segundo Althusser. Assim, tendo o mundo burguês se estabelecido como um mundo jurídico – nova conjuntura – a filosofia burguesa dominante se constituiria, a partir das questões que coloca à ciência, como a representante teórica máxima da ideologia jurídica. Daí a justificativa para encarniçado combate *anti-humanista* travado por Althusser, que retomaremos no próximo capítulo.

Antes de concluir seu raciocínio, contudo, Althusser antevê uma objeção à sua posição. Se toda filosofia fala em nome de uma ideologia prática, tentando instalá-la no poder,

---

42 Ibid., p. 89-90.

não estaria também ele capturado neste círculo? Ou nas suas próprias palavras: "Acaso a filosofia que professamos está isenta desta dependência, portanto, deste entrave, e assim preservada *a priori* do risco de também ela explorar as ciências?". Ao que responde, talvez de forma um pouco desconcertante, mas perfeitamente coerente, que não pode oferecer garantia alguma, dando apenas as suas razões. Em primeiro lugar, uma que tange aos efeitos da sua filosofia. Ao ver uma filosofia em prática, o cientista deve avaliar se ela explora ou serve à sua ciência. A justificativa do ato filosófico e o resultado da sua intervenção devem aqui ser tomados como elementos para um julgamento que não pode vir de nenhum *locus* exterior, senão daquele próprio à prática científica. E, em segundo lugar, o fato de que é graças à ciência marxista da história que conhecemos a relação orgânica mantida pela filosofia com valores das ideologias práticas. Assim, a filosofia daí proveniente, munida desse conhecimento, e que partilha da mesma posição política, o utilizaria para produzir a si mesma, no esforço de forjar uma nova prática da filosofia, sem deixar-se capturar pelo modo de produzir filosofia como filosofia.

2.3.2. Tomada de poder na prática

Mas há ainda algo. Pondo a ideologia religiosa, moral ou jurídica no poder no campo teórico, a filosofia idealista atacaria a ciência, saqueando-a e impondo-lhe obstáculos, e a política fundamentando-a em ações de natureza voluntarista ou fatalista. Entretanto, o seu trabalho de unificação de categorias sob uma Verdade não teria efeitos apenas teóricos. Dado que a filosofia é parte do mundo, como qualquer outra prática, o seu modelo de operação repercutiria no agir de outros aparelhos de disputa ideológica. Nesse sentido, diz Althusser, "o que a filosofia recebeu da luta de classes como exigência, devolve sob a forma de pensamentos que vão trabalhar nas ideologias [práticas] para as unificar e transformar".[43]

Em *Ideologia e Aparelhos Ideológicos de Estado* Althusser desenvolve a definição tópica do modo de produção dividido em base e superestrutura, para indicar o papel crucial da ideologia na reprodução ampliada das relações sociais da produção capitalista.[44] Sendo a filosofia uma parte dessa superestrutura – e é justamente a questão de localizar as práticas sociais que está em jogo nesse ensaio –, ela "guarda uma relação estreita com o que ocorre nas ideologias",[45] ideologias que, por sua vez, no desenvolvimento dessa própria tópica, teriam estreita relação com a luta de classes. A filosofia como prática teórica trabalharia, portanto, *com* as ideologias, utilizando-as como uma das matérias-primas do seu pensar. E, ao fazer isso, atuaria também *sobre* as ideologias, fornecendo-lhes novos modelos de unificação.

Isso tem a ver com o que Althusser chamou de "a forma política da existência das ideologias no conjunto das práticas sociais",[46] que diria respeito, no campo teórico, à conexão entre os conceitos de luta de classes e de ideologia dominante. Numa sociedade de classes o poder político é exercido em favor da classe dominante. Mas, para tornar duradoura sua dominação, toda classe dominante precisaria transformar seu poder pela violência em um poder consentido, obtendo uma obediência de tal natureza que a pura força não seria capaz de sustentar. Essa é uma das funções dos Aparelhos Ideológicos de Estado, instituições por meio das quais "a classe no poder, ao mesmo tempo que se unifica, consegue impor às massas exploradas a

---

43 ALTHUSSER, Louis. *A Transformação da Filosofia. Seguido de Marx e Lênin perante Hegel*. São Paulo: Mandacaru, 1989, p. 49.
44 Id. Ideologia e aparelhos ideológicos de Estado. In: *Sobre a Reprodução*. Petrópolis: Vozes, 2008, parte 1.
45 Id. *A Transformação da Filosofia. Seguido de Marx e Lênin perante Hegel*. São Paulo: Mandacaru, 1989, p. 41.
46 Ibid., p. 43.

sua ideologia peculiar, como sendo a própria ideologia das ditas massas".[47] Logrado isso, a "massa popular penetra na Verdade da ideologia da classe dominante, aceita os seus valores (...) e a violência sempre necessária pode ser ou posta de lado ou utilizada como último recurso".[48]

O agenciamento desses aparelhos e o seu trabalho de inculcação, contudo, suporiam algo: uma ideologia dominante, que é segundo Marx "a ideologia da classe dominante".[49] Mas essa ideia só é exata, nos diz Althusser, se a ideologia em questão for pensada como o *resultado* de uma longa batalha. E, referindo-se à experiência histórica da burguesia, aponta para o fato de que leva muito tempo para que essa constituição possa efetuar-se e que ela é, em todo caso, sempre um assunto de luta de classes. Pois não se trata de simplesmente "fabricar uma ideologia dominante por decreto",[50] ou de tão somente lutar para impor determinadas ideias, mas de construí-las a partir de elementos da própria realidade social, do fetichismo próprio à sociedade mercantil, neste caso, tomando o legado contraditório do passado e reelaborando-o no calor dos acontecimentos políticos, científicos etc.

A filosofia, por seu turno, não estaria alheia a esse processo. Antes, seria um dos atores privilegiados que se *ligam* a essa luta de classes na ideologia, tendo papel central na constituição hegemônica da ideologia enquanto dominante. Portanto, o trabalho filosófico de ordenamento teórico das práticas sociais, por mais abstrato que possa ser, encontraria o seu paralelo na luta de classes ideológica. Luta filosófica e luta ideológica operariam, então, analogamente, recortando e colando as práticas sociais para restaurá-las no mosaico de uma Verdade que corresponderia, por

---

47   Ibid., p. 44.
48   Id., Ibid.
49   Ibid., p. 47.
50   Ibid., p. 45.

sua vez, a uma posição no mapa espectral político. A filosofia como continuação em última instância da luta de classes na teoria, responderia então a uma exigência de cunho político. Se num sentido ela pode contribuir com a prática científica limpando o terreno de obstáculos epistemológicos, em outro pode contribuir com a prática ideológica através da unificação de ideologias parciais numa ideologia dominante, alicerçada na pedra fundamental de uma Verdade. E trabalha para isso justamente no seu ato de "pensar as condições teóricas de possibilidade de reduzir as contradições existentes",[51] tentando eliminar a falha efetiva entre cada prática e a sua ideologia respectiva.

Como produtora de uma problemática ideológica geral, portanto, a filosofia se apresentaria como um laboratório em que os problemas que podem surgir na ideologia prática se encontrariam sempre já resolvidos previamente. Assim, mediante as suas "figuras teóricas" seria possível ultrapassar ideologicamente contradições reais e saltar de uma ideologia a outra sob a garantia de um discurso racional.

Por isso, arremata Althusser:

> Creio que, então, pode representar-se a filosofia da maneira seguinte: não está fora do mundo, fora dos conflitos e dos acontecimentos históricos. Na sua forma concentrada, a mais abstrata, a das obras dos grandes filósofos, é algo que está ao lado das ideologias, como uma espécie de laboratório teórico onde experimentalmente se põe na ordem do dia, na abstração, o problema fundamentalmente político da hegemonia ideológica, isto é, da constituição da ideologia dominante. É aí que se afinam as categorias e as técnicas teóricas que tornarão possível a unificação ideológica que é um aspecto essencial da hegemonia ideológica.[52]

---

51 Ibid., p. 48.
52 Ibid., p. 49.

2.4. Contra a teoria do conhecimento

Dito isso, podemos retomar a questão da ciência na obra de Althusser, tema interrompido na primeira parte deste trabalho. Lá, vínhamos expondo uma noção de ciência que recebia *a posteriori* da filosofia a confirmação de seu estatuto. Certa combinação entre o "atraso necessário" da ave de Minerva filosófica e o problema do conhecimento. Com isso, a ciência podia colocar-se no papel "privilegiado" de afastar, na sua batalha diuturna, não ideologias historicamente especificadas, mas *a* ideologia em acepção geral.

Vimos, contudo, que para escapar dessa aporia, Althusser trabalhou sobre a revisão da definição de sua prática filosófica, produzindo uma concepção marcada pelo contraste entre os caracteres da prática científica e da intervenção filosófica. Assim, transitou de um conceito de filosofia como "Teoria das práticas teóricas" para o de representação em última instância da luta de classes na teoria. Nesse movimento distanciou-se da visão teoricista presente em seus primeiros textos aproximando-se de uma perspectiva mais efetivamente materialista.

Resta-nos, portanto, interrogar, o que resta da ciência depois da morte de toda "teoria do conhecimento". A resposta de algum modo desconcertante seria: tudo. Pois justamente neste momento em que procede a uma reconfiguração dos termos de seu próprio pensamento, Althusser revisita seu vínculo com a filosofia de Espinosa.

Em *Elementos de Autocrítica,* ao tentar se desembaraçar das acusações de estruturalista, Althusser relaciona-as a uma confusão entre essa suposição e o seu espinosismo de fato. Diz que seus críticos, ao olharem para o Espinosa que irradiava de suas obras viram, na própria ignorância filosófica, algo como "o estruturalismo". E prossegue explicando em que repousa a dita posição espinosista de sua obra. Fala de um uso de Espinosa como ferramenta de oposição a Hegel, para ver um Marx que de outro modo estaria invisibilizado; de uma continuidade com a sua teoria da ideologia etc., e fala do que nos importa aqui: do fato de partilhar da postura espinosista em face da "questão do conhecimento".

Essa tomada de posição tem como principal objetivo constituir um antídoto ao problema imposto pela ideologia jurídica à ciência e à filosofia conforme descritas anteriormente. A conexão entre teoria do conhecimento e ideologia jurídica, tal como é compreendida por Althusser e alinhavada por sua crítica, pode ser descrita como contendo dois pontos principais de contato. Em primeiro lugar, seria jurídica a *questão* imposta, a instalação de um tribunal da ciência, onde os seus títulos poderiam ser submetidos a prova derradeira. E em segundo lugar, seria jurídica a *resposta* a ela proposta, à medida que solucionaria esse impasse referindo-se à garantia *a priori* de um Sujeito transcendental correlato do conceito de sujeito de direito. Sua unidade, contudo, estaria fixada pelo fato de que a pergunta seria colocada em um ambiente no qual a sua solução ideológica já estaria pronta em estado prático.

O recurso de Althusser a Espinosa viria, portanto, para resolver essa dupla questão. Quanto ao primeiro aspecto, o autor parece agora *autorizar a identificação* do "corte" não mais na chegada constatadora da filosofia, mas nos próprios efeitos de conhecimento que emanam da abertura de uma ciência, transformando a ideia verdadeira por ela produzida no índice de si mesma e do falso.[53] Como quando o próprio Galileu, na peça de Brecht, toma a palavra para anunciar que "a partir de hoje, nem tudo o que é verdade deve seguir valendo", é a própria ciência que impõe sua verdade ao denunciar a ideologia enquanto ideologia, pondo no seu lugar a verdade enquanto verdade.

---

53 Cf. Proposição 43 da Ética de Espinosa.

A legitimidade do tribunal da ciência é com isso negada e a sua busca por títulos e critérios de objetividade seria respondida com uma interdição de princípio. A partir de então, é no *processo* da sua própria produção que os conhecimentos devem encontrar sua confirmação.

> Se pretendemos julgar a verdade que se detém por um 'critério' qualquer, nos expomos à questão do critério deste critério e assim até ao infinito. Sendo externo (a adequação do espírito e da coisa, na tradição aristotélica) ou interno (a evidência cartesiana) em todos os casos o critério pode ser rechaçado: porque ele é só a figura de uma Jurisdição ou de um Juiz que deve autenticar e garantir a validade do Verdadeiro. E, no mesmo movimento, Spinoza afasta a tentação da Verdade: como bom nominalista (o nominalismo então podia ser, Marx o reconheceu, a antecâmara do materialismo), Spinoza fala clinicamente do 'verdadeiro'. De fato, a Verdade e a Jurisdição do critério vão sempre lado a lado, pois o critério tem sempre por função autenticar a Verdade do verdadeiro. Afastadas as instâncias (idealistas) de uma teoria do conhecimento, Spinoza sugeria então que 'o verdadeiro se indica a si mesmo', não como Presença, mas como Produto, na dupla acepção do termo 'produto' (*resultado* do trabalho de um processo que o *'descobre'*), como se verificando em sua própria produção.[54]

Com isso, Althusser abriga Espinosa no mesmo barco do marxismo – ou antes, o inverso –, uma vez que também para ele o "critério" nunca viria de fora, mas do interior da própria prática concebida enquanto processo. E neste sentido específico se aproximaria também de Hegel, que prescreveria todo critério de verdade "refletindo no verdadeiro como interior a seu processo".[55] O caso é que se Espinosa também funda o seu rechaço ao

---

54 ALTHUSSER, Louis. *Posições 1*. Rio de Janeiro: Graal, 1978, p. 106, tradução corrigida.
55 Ibid., p. 107.

julgamento sobre o conhecimento na centralidade da categoria de processo, ele se diferenciaria de Hegel justamente ao negar a categoria de Origem como critério de autenticação. Quanto a isso Althusser é claro em sua *Autobiografia*:

> [Espinosa era] um homem que, sem esboçar nenhuma gênese do sentido originário, enunciava este fato: "temos uma idéia verdadeira", uma "norma de verdade" que nos é dada pelas matemáticas – esse também um fato sem origem transcendental; um homem que, de repente, pensava na *facticidade* do fato: algo surpreendente para esse pretenso dogmático que deduzia o mundo de Deus e de seus atributos! Nada mais materialista do que esse pensamento sem origem nem fim. Mais tarde, eu iria tirar daí minha fórmula da história e da verdade como *processo sem sujeito* (originário, fundador de todo sentido) e sem fins (sem destino escatológico preestabelecido), pois, se recusar a pensar sobre o fim como causa originária (no reflexo especular da origem e do fim) é de fato pensar como materialista.[56]

E é precisamente a questão da Origem que pode nos levar à segunda dimensão do problema do conhecimento que Althusser tenta resolver com a ajuda de Espinosa: o Sujeito transcendental como garantia. Em *A Única Tradição Materialista*, ao descrever as razões e os modos de seu afeto em face da obra do autor holandês, Althusser revela que se esforçou sempre para ler Espinosa em oposição a Descartes, o que é de máxima relevância para o assunto que nos ocupa aqui. Estabelecendo um paralelo entre Espinosa e Hegel contra Descartes e Kant no que concerne à questão da *relação entre verdade e sujeito*, Althusser desaloja com a ajuda dos primeiros o *"cogito ergo sum"* pondo em seu lugar o simples e lapidar *"homo cogitat"*.[57] Aqui,

---
56 Id. *O Futuro Dura Muito Tempo*. São Paulo: Companhia das Letras, 1992, p. 193.
57 Id. L'Unique Tradition Matérialiste. In: *Lignes*. n. 18, 1993, p. 77.

o conhecimento se desconectaria de qualquer tipo de validação por instrumentos racionais do sujeito para, "impor-se a si mesmo"[58] pelo que é, pela facticidade dos próprios efeitos.

> Não há teoria do conhecimento (isto é, garantia *a priori* da verdade e de seus efeitos científicos, sociais, morais e políticos) em Spinoza, não há tampouco teoria do conhecimento em Hegel, enquanto que Descartes apresenta na forma da garantia divina uma teoria da garantia de toda verdade, ou de todo conhecimento – enquanto que por sua vez Kant produz uma teoria jurídica do conhecimento sob o 'eu penso' do Sujeito transcendental e das condições *a priori* de toda experiência possível.[59]

O pensamento e a ideia verdadeira passam então a ser concebidos como *encontros*. O homem pensa, dirá Althusser em seu *A Corrente Subterrânea do Materialismo de Encontro*, partindo de confusões, rumores, e nada pode lhe garantir que virá um dia a ter um pensamento verdadeiro. Pode-se viver sempre no imaginário, na ilusão de que se pensa, sem nunca pensar de fato. O pensamento pode ocorrer ou não, "não há estrada real para a ciência" dizia Marx, como não há certeza de que um pensamento confuso um dia tornar-se-á claro. Se no esquema hegeliano da consciência havia, ainda segundo o autor argelino, um percurso do saber, que poderia até não se cumprir, mas que seria predeterminado, com Espinosa, contrariamente, o "tomar consciência" contido no movimento de romper com o ideológico para aceder ao científico se daria por meio de um encontro, que pode ou não acontecer, e que não está garantido por nada.[60] Seria esse o sentido da "antiteleologia radical" contida no "Apêndice" do livro 1 da Ética.

---

58 LECOURT, Dominique. *Marxism and Epistemology*. Londres: NLB, 1975, p. 12.
59 ALTHUSSER, Louis. *Op. Cit.* p. 78.
60 Id. A Corrente Subterrânea do Materialismo do Encontro. In: *Crítica Marxista*, n. 30, 2010, p. 16-17.

É nisto que radicaria o materialismo de Espinosa, segundo Althusser: a rejeição de toda pergunta e de toda resposta sobre a possibilidade do conhecimento objetivo do mundo por meio da afirmação irredutível dos efeitos desse próprio conhecimento.

> Sem jamais propor uma gênese transcendental do sentido, da verdade, ou das condições de possibilidade de toda verdade, tenham sentido e verdade o significado que tiverem, instalava-se na factualidade de uma simples constatação: 'Temos uma ideia verdadeira', 'Detemos uma norma de verdade', não em função de uma fundação originária perdida nos começos, mas porque é um fato que Euclides, graças a deus, deus sabe o porquê, existiu como uma singularidade universal factual e [não é] necessário (...) 'reativar seu sentido originário', bastando pensar no resultado factual de seu pensamento, em seu resultado bruto, para dispor da potência de pensar.[61]
> [A ciência] nasce do *concurso* imprevisível, incrivelmente complexo e paradoxal, mas necessário em sua contingência, de '*elementos*' ideológicos, políticos, científicos (dependendo de outras ciências), filosóficos etc., que em um momento '*descobrem*', *mas demasiado tarde, que se procuravam*, pois se encontram sem se reconhecer na figura teórica da ciência nascente.[62]

2.5. Para uma nova prática da filosofia

Conforme vimos, Althusser identificou a ausência de uma filosofia na obra de Marx, e nada mais do que fragmentos contraditórios na de Engels. Atribuiu isso não a uma incapacidade ou à falta de tempo – Marx teria externado em mais de uma ocasião a intenção de escrever a sua *Dialética* –, mas a uma questão de condições de possibilidade da sua elaboração. E, posteriormente,

---

61 Id. L'Unique Tradition Matérialiste. In: *Lignes*. n. 18, 1993, p. 87.
62 Id. *Posições 1*. Rio de Janeiro: Graal, 1978, p. 86.

revisitando a mesma questão em *A Transformação da Filosofia*, pôde perceber em Marx algo como o gérmen de uma prática filosófica distinta da dos filósofos. Em todo caso, o fato é que apenas com Lênin teríamos podido identificar efetivamente em operação aquilo que Althusser chamou de as bases do que um dia pode vir a ser uma nova prática da filosofia.

E isso porque, da posição de dirigente político proletário, teria sido ele o primeiro a registrar que na filosofia dos filósofos tudo se resume a uma luta eterna entre materialismo e idealismo e que a essência da sua prática estaria justamente no vazio aberto por uma distância tomada em face de outra filosofia. Mas mais do que isso, porque quis e esforçou-se até ao limite das suas energias para romper com esse campo no qual permanecera ainda de certo modo cativo. Partilhando da mesma posição, Althusser estava perfeitamente consciente das dificuldades envolvidas nessa necessária *transformação* filosófica, podendo sentir também em si os grilhões que impediram Lênin de ir adiante, no sentido de uma prática filosófica que rompesse com o binômio matéria-espírito e, portanto, à altura de reverberar os efeitos gigantescos produzidos pela ciência marxista da história.

Com os recursos de cultura filosófica a que tinha acesso, no entanto, pretendeu empreender um mosaico em que dispunha lado a lado *elementos* de uma filosofia futura, justapondo filósofos em interpretações bastante peculiares, naquilo que denominou uma "corrente subterrânea do materialismo de encontro". Buscou investigar determinados autores e aspectos de seus pensamentos que tendo sido produzidos como filosofia, teriam o condão, se não de constituir uma nova prática da filosofia, ao menos de intervir como o partido filosófico dos explorados: "mas se o faço, é só para tentar compreender Marx, isto é, o seu silêncio".[63] Tentou por meio disso, portanto, escrever uma

---

63 ALTHUSSER, Louis. *A Transformação da Filosofia. Seguido de Marx e Lênin perante Hegel.* São Paulo: Mandacaru, 1989, p. 52.

história da filosofia alternativa, que pudesse servir de base para a renovação do marxismo que vivia, tanto prática quanto teoricamente, uma crise da maior envergadura.

Aqui a dimensão efetivamente política da obra de Althusser aparece com nítidos contornos e sua produção toda pode ser lida a partir de dois centros de gravidade: o XX Congresso do PCUS (1956), que denunciou os "crimes de Stálin" e o "culto à personalidade"; e o XXII Congresso do PCF (1976), marcado pela conversão deste ao eurocomunismo. Nessa chave, o próprio Althusser caracteriza seu trabalho como uma tentativa de resolver as crises decisivas que se expressaram nesses eventos, mediante a crítica das posições teóricas que as orientavam e a proposição de vias alternativas a elas.

Hoje é fácil notar, tendo em mãos seus textos à época inéditos e também os que publicara, pelo que declara e pelo que deixa transparecer neles, que Althusser dedicou-se no fim dos anos 1970 e 1980 mais do que tudo à produção de estratégias teóricas capazes de tirar o movimento comunista internacional de sua crise. O principal tema não só do manuscrito sobre *A Corrente Subterrânea do Materialismo de Encontro*, mas de toda uma série de textos não publicados, é a crítica feroz e decidida aos aspectos teleológicos da teoria marxista, no que Veríssimo pôde identificar uma continuidade do combate a Hegel iniciado nas primeiras obras.[64] Ressalta deste trabalho em especial uma enorme preocupação em produzir um pensamento não teleológico da gênese – que culmina nas suas referências à existência de duas teorias da transição em Marx – e estabelecê-lo no interior de uma problemática científica da história.

Maria Turchetto nos dá chaves para identificar em que reside a contribuição decisiva do trabalho aí empreendido por Althusser. Façamos referência em primeiro lugar ao texto *O*

---

64 MATA, José Veríssimo Teixeira da. Althusser ou Marx sem Hegel. In: LOUREIRO, Isabel Maria; MUSSE, Ricardo (Org.). *Capítulos do Marxismo Ocidental*. São Paulo: Unesp, 1998.

Que Significa "Ciência da História"? em que a autora pretende retirar das críticas feitas por Althusser a Monod um conceito de ciência, para então compará-lo com a análise althusseriana do mesmo problema no que tange à obra marxiana. Ali, Turchetto observa que Althusser atribui a introdução do "postulado da objetividade",[65] mediante o qual a biologia teria se tornado ciência, a duas operações teóricas, ambas designadas no trabalho de Monod pelo mesmo conceito de "emergência".

Na sua primeira acepção, dirá, "emergência" quer significar "propriedade de reprodução", ou seja, o modo de organização das relações entre os elementos que compõem uma estrutura, "a propriedade de reproduzir e de multiplicar estruturas ordenadas, sumamente complexas".[66] E na segunda, a propriedade de gênese, isto é, "a aparição das primeiras estruturas primárias dotadas do poder de autorreprodução".[67] "O primeiro significado corresponde àquilo que defini como 'primeiro passo teórico', definir a 'vida' como efeito de uma estrutura".[68] "O segundo (...) 'prevalecer a emergência sobre a teleonomia' como diz Monod; estabelecer 'o primado do encontro sobre a forma', como disse Vittorio Morfino".[69]

Passando à análise althusseriana de Marx, Turchetto pode constatar a persistência desses dois passos. O primeiro corresponderia segundo ela ao trabalho feito em *Ler O Capital*, à "definição da 'formação social' como *sistema* complexo," como "todo estruturado com dominante", o que leva o autor a "pensar em termos de causalidade 'metonímica' ao invés de 'transitiva' ou 'expressiva'".[70] Já o segundo, contido nos textos

---

65 TURCHETTO, Maria. O Que Significa "Ciência da História"? In: NAVES, Márcio Bilharinho (Org.). *Presença de Althusser*. Campinas: Unicamp, IFCH, 2010, p. 81.
66 MONOD, Jacques apud TURCHETTO, Maria. *Op. Cit.* p. 82.
67 Id., Ibid.
68 TURCHETTO, Maria. *Op. Cit.* p. 83.
69 Id., Ibid.
70 Ibid., p. 84.

mais tardios aos quais nos referimos aqui, dá conta da "gênese 'aleatória' do capitalismo" construído a partir do capítulo de *O Capital* sobre a acumulação primitiva: "encontro de processos históricos diversos que a um certo ponto 'pegam', determinando a *emergência* da capacidade de autorreprodução da relação social capitalista".[71] Assim, o que estaria em jogo aí é pensar (1) a causalidade em operação na estrutura do objeto ao mesmo tempo que (2) a sua gênese num sentido não teleológico. Essa interpretação nos fornece instrumentos para situar a intervenção filosófica do último Althusser ainda no plano de um conjunto de teses *para* a construção de uma ciência marxista da história.

Sabe-se que *A Corrente Subterrânea do Materialismo de Encontro* se inicia por uma referência a Epicuro e a uma chuva de átomos no vazio. Pretendendo afastar a interpretação da obra do grego de um "idealismo da liberdade",[72] Althusser o aproximaria de Heidegger, que poderia, segundo entende, nos fornecer o fundo de uma filosofia do *es gibt*, ou seja, um tomar como ponto de partida o mundo tal como "há", tal como é, na contingência do seu ser atual. Aí, os átomos de Epicuro cairiam eternamente no vazio, e nada haveria além da sua chuva perfeitamente paralela. Não haveria nesse mundo, nem Sentido, nem Razão, nem desrazão, Causa ou finalidade. Sem que se saiba onde, quando, nem como[73] sucederia, contudo, um *clinamen*, um "desvio infinitesimal",[74] e com isso um choque, um encontro entre átomos vizinhos que por conta de semelhante evento

---

71 Ibid., p. 85.
72 ALTHUSSER, Louis. A Corrente Subterrânea do Materialismo do Encontro. In: *Crítica Marxista*, n. 30, 2010, p. 10.
73 "Quando os corpos são levados em linha reta através do vazio e de cima para baixo pelo seu próprio peso, afastam-se um pouco da sua trajetória, em altura incerta e em incerto lugar, e tão somente o necessário para que se possa dizer que se mudou o movimento." (LUCRÉCIO. Da Natureza. In: *Epicuro, Lucrécio, Cícero, Sêneca, Marco Aurélio*. São Paulo: Abril Cultural, 1973, p. 58).
74 ALTHUSSER, Louis. *Op. Cit.* p. 10.

teriam rompido o seu paralelismo. Disso resultaria uma "carambola", que originaria um mundo como agregado de átomos, de onde nasceria o sentido. Mas para que do encontro nasça um mundo, e com ele necessidade, sentido, razão, é preciso que ele *dure*, que seja *um encontro duradouro*. Se o encontro não dura, não há mundo.

Quanto aos átomos, não existiriam antes do encontro a não ser de modo fantasmático. Sua existência efetiva adviria do encontro que é, nesse sentido, a realização de uma potência, cujo destino era anteriormente insondável, mas que uma vez se tendo feito mundo, negaria todas as outras possibilidades de ser e de não-ser para instalar-se na necessidade do fato consumado. É o encontro, assim, que dá realidade aos átomos, que antes do encontro, eram apenas elementos abstratos, sem consistência ou existência, que passariam a existir e poderiam por isso "pegar".

É nesse encontro duradouro, e apenas nele, portanto, que poderia residir uma filosofia do mundo como "fato consumado", no interior do qual o reino da Razão, do Sentido, da Necessidade, da Finalidade se instauraria. Essa consumação seria um puro efeito da contingência, já que dependeria de um encontro aleatório dos átomos, que dependeriam, por sua vez, do desvio-*clinamen*, que podem ou não "pegar". Antes do fato consumado, só haveria o fato não consumado, o não mundo, uma *existência irreal* dos átomos. É este o sentido preciso que Althusser quer dar à tese do "primado do encontro sobre a forma".

Só a partir daí seria possível colocar a questão do sentido que devemos atribuir à palavra "lei". Não há lei que presida a pega, mas uma vez "tendo pego", uma vez estando constituída a "figura estável do mundo" – o único mundo que existe, porque ao existir um mundo, todos os outros possíveis passariam a não existir – os acontecimentos desse mundo obedecem às "leis". Não importa que o mundo existente tenha nascido de átomos caindo, do *big bang* ou do encontro entre homens com dinheiro e homens que nada tinham a não ser sua capacidade trabalhar, mas que estamos *neste* mundo e não em outro, e que este mundo é regido por regras ou "leis". É precisamente aí que surge a tentação, mesmo para os partidários do materialismo do encontro, diz Althusser, de esconder-se nesse encontro que "pegou", de examinar as leis surgidas dessa "pega" de formas, projetando-as indefinidamente. É fato que há ordem neste mundo e que conhecê-lo é conhecer suas "leis" (Newton) e as condições de possibilidade não dessas leis, mas de seu conhecimento. Isso equivaleria a rejeitar uma vez mais a questão da origem do mundo, para assentar a questão da origem desse segundo encontro que é a possibilidade de conhecer o mundo – o encontro sempre imperfeito entre conceitos e coisas.

As consequências dessa tese para toda a filosofia – idealista e materialista – são extraordinárias, já que ela não poderia mais ser o enunciado da Razão e da origem das coisas, obrigando-se a tornar-se a teoria da contingência das coisas, e o reconhecimento do fato da contingência, do fato da submissão da necessidade à contingência, e do fato das formas que dão forma aos efeitos do encontro. Mas a importância disso para a ciência da história não seria menos notável, já que, como vimos anteriormente com Turchetto, estariam contidos aí os princípios que nos permitiriam pensar a gênese de uma estrutura de estruturas, bem como o desembaraçamento do principal obstáculo epistemológico com que se defrontaria o marxismo na perspectiva de Althusser: a interpretação teleológica da história.

E aqui, uma vez mais, a obra de Turchetto torna-se relevante. Pois ela elabora uma leitura dessa natureza das obras clássicas do marxismo. Em *Do Capitalismo à Sociedade de Transição*,[75]

---

[75] TURCHETTO, Maria; LA GRASSA, Gianfranco. *Dal Capitalismo alla Società di Transizione*. Milão: Franco Angeli Editore, 1978.

Qual Marxismo em Crise?[76] ou *Para Uma Teoria da Sociedade Capitalista*,[77] encontram-se denunciadas concepções da chamada "acumulação primitiva" pensadas sob categorias que são próprias do desenvolvimento do capitalismo e que, portanto, fundam o aparecimento de uma "lei" de reprodução no pressuposto dessa própria "lei".

Apesar de encontrar um desenvolvimento mais restrito, contudo, a conexão entre o materialismo aleatório e a teoria da transição em Marx é feita já no próprio texto de Althusser. Talvez a opção editorial nos iluda – uma vez que o texto ora sob análise é uma montagem de fragmentos –, mas do modo como os excertos estão dispostos toda a exposição parece convergir para esse momento como que para um cume, confirmando a intenção declarada de Althusser de usar tal história alternativa da filosofia para ler Marx.

Neste trecho[78] Althusser identifica dois conceitos de modo de produção em operação no interior da problemática marxiana. O primeiro, que remeteria a *A Situação da Classe Trabalhadora na Inglaterra* de Engels, e o segundo, contido em *O Capital*. E aqui mais uma vez incidiria a perspectiva althusseriana de Turchetto ao propor uma interpretação separada de Marx e Engels.[79] O caso é que a cada um desses conceitos, dada a sua natureza, corresponderia uma concepção diferente de transição. Enquanto no primeiro o então futuro burguês e o então futuro proletário "são pensados e dispostos como

---

76   TURCHETTO, Maria; LA GRASSA, Gianfranco; SOLDANI, Franco. *Quale Marxismo in Crisi?* Bari: Dedalo Libri, 1979.
77   TURCHETTO, Maria; MARCHI, Edoardo de; LA GRASSA, Gianfranco. *Per una Teoria della Società Capitalistica: la Critica dell'Economia Politica da Marx al Marxismo*. La Nuova Italia Scientifica, 1994.
78   Trata-se do subtópico "Modo de produção e transição" de ALTHUSSER, Louis. A Corrente Subterrânea do Materialismo do Encontro. In: *Crítica Marxista*, n. 30, 2010, p. 31ss.
79   TURCHETTO, Maria. I "due Marx" e l'Althusserismo. In: BELLOFIORE, Ricardo (Org.). *Da Marx a Marx?* Un Bilancio dei Marxismi Italiani del Novecento. Manifesto Libri: 2007, p. 101-108.

se estivessem, desde toda a eternidade, destinados a entrar em combinação, a se agrupar entre si",[80] de modo que a "pega" desses elementos pareceria garantida *a priori* por leis dialéticas, negação da negação etc.; no segundo, Marx "explica que o modo de produção capitalista nasceu do '*encontro*' entre o 'homem com dinheiro' e o proletário desprovido de tudo, exceto de sua força de trabalho".[81]

Nesta segunda concepção é que residiria o traço efetivamente científico da análise marxiana. Ali, o modo de produção seria pensado como uma "combinação" particular entre acumulação financeira, acumulação de meios técnicos e de matéria-prima, e acumulação de produtores. No entanto, tais elementos "não existem na história *para que exista um modo de produção*, eles existem em estado 'flutuante' antes da sua 'acumulação' e 'combinação', sendo cada um o produto de sua própria história".[82]

A sociedade capitalista, portanto, objeto real ao qual a teoria visa a *referir-se*,

> não é anterior à 'pega' dos elementos, mas posterior, e por isso poderia não ter 'pegado' e, com mais razão ainda, 'o encontro poderia não ter acontecido'. Tudo isso é dito, certamente, com meias palavras, porém é dito na fórmula de Marx, quando nos fala tão freqüentemente do 'encontro' (*das Vorgefundene*) entre o homem com dinheiro e a força de trabalho nua. Podemos avançar ainda e supor que *o encontro aconteceu na história numerosas vezes antes de sua "pega" ocidental*, mas, por falta de um elemento ou da disposição dos elementos, não 'pegou', então. Servem de prova os Estados italianos do vale do rio Pó nos séculos XIII e XIV, nos quais havia evidentemente homens com dinheiro, tecnologia e energia (máquinas movidas pela

---

80 ALTHUSSER, Louis. *Op. Cit.* p. 34.
81 Ibid., p. 32.
82 Id., Ibid.

força hidráulica do rio) e mão-de-obra (os artesãos desempregados), e, no entanto, o fenômeno não "pegou".[83]

Com isso opõe-se não apenas uma parte do trabalho de Marx a outra, mas, sobretudo, dois modos de pensar a "*a emergência em relação ao funcionamento autorreprodutivo da estrutura social*".[84] De um lado, ao identificarem o proletariado como "produto da grande indústria" Marx e Engels estariam situados "na *lógica do fato consumado da reprodução ampliada do proletariado*" de modo que quando creem estar pensando a produção dessa classe, estariam de fato pensando a sua reprodução, o que tornaria sua posição "essencialista".[85] De outro, ao teorizar a constituição do modo de produção capitalista sob o ponto de vista histórico-aleatório, a partir de "*elementos independentes uns em relação aos outros*",[86] Marx conseguiria respeitar a "lógica" imanente dos atores e acontecimentos implicados nessa passagem, introduzindo através da categoria de *desvio* uma visão não teleológica do processo histórico.

Esse tipo de enfoque é frutífero, em primeiro lugar porque situa a obra de Althusser no campo daquilo que Morfino quis chamar de "racionalismo",[87] compatibilizando-a com a possibilidade de uma análise "científica", para manter tal designação, da história. Esta é a mesma posição de Lewis quando afirma a respeito do tema que o "conhecimento científico 'clínico' ou social das constantes gerais é possível [para o Althusser materialista do encontro] porque as ocorrências singulares que as ciências sociais estudam estão atravessadas por constantes ou

---

83 ALTHUSSER, Louis. *Op. Cit.* p. 32.
84 TURCHETTO, Maria. O Que Significa "Ciência da História"? In: NAVES, Márcio Bilharinho (Org.). *Presença de Althusser*. Campinas: Unicamp, IFCH, 2010, p. 87.
85 ALTHUSSER, Louis. *Op. Cit.* p. 33.
86 Id., Ibid.
87 MORFINO, Vittorio. O Primado do Encontro sobre a Forma. In: *Crítica Marxista* 23, Revan, 2006, p. 12.

invariantes, que as compõem em sua especificidade",[88] demonstrando uma vez mais a importância de uma teorização adequada sobre a relação entre o conceito de "lei" e o de contingência.

Boutang, por seu turno, rejeitaria esse tipo de solução, pois considera que o cerne do materialismo do encontro estaria mais próximo de uma "arte da política revolucionária".[89] De fato, essa é uma dimensão que não pode ser negligenciada, sobretudo porque nas análises sobre Maquiavel a preocupação mais constante da reflexão parece ser a da composição do que chamaríamos, na falta de outro termo, de uma subjetividade revolucionária. Some-se a isso a multiplicação das aparições da famosa máxima leninista que define o marxismo como a "análise concreta da situação concreta" sempre situando a política *como* pensamento.

Entretanto, o preço que se paga ao seguir por esta via é alto demais, uma vez que a própria possibilidade de uma política efetivamente revolucionária sem uma análise objetiva da realidade torna-se bastante rarefeita. Sem enfatizar demais as supostas inconsistências da análise de Boutang denunciadas por Lewis – que a bem da verdade consegue demonstrar como ao mesmo tempo em que se encantava pela "solidão de Maquiavel", Althusser reforçava a importância da ciência marxista da história como componente indispensável da ação revolucionária –, creio que a melhor saída para esse problema passe por demarcar os limites de abrangência da tese do materialismo do encontro, percebendo com Turchetto a que momento da prática teórica ela pertence, ao mesmo tempo em que reconhecemos na própria letra de Althusser que a chuva não cessa mesmo depois de o mundo já estar criado.

---

88 LEWIS, William S. Althusser on Laws Natural and Juridical. In: SUTTER, Laurent de (Org.). *Althusser and Law*. Nova Iorque: Routledge, 2013.
89 BOUTANG, Yann Moulier. Le Matérialisme comme Politique Aléatoire. In: *Multitudes*, 2005/2, n. 21, p. 163.

A bem da verdade, esse tema foi abordado por Ípola[90] de maneira bastante mais complexa do que fizemos. Sem dúvida, ao apresentar cronologicamente o desenvolvimento do pensamento de Althusser, é difícil dar uma correta dimensão da tensão entre a problemática da necessidade – leis e estruturas – e a problemática da contingência – encontros – que perpassa toda a obra de Althusser. Nesse sentido, é possível que o leitor tenha ficado com a impressão de que o tema da contingência apareceu apenas tardiamente na letra do autor. Tentei contrapor essa intuição ao chamar a atenção em diversas passagens para a ênfase dada ao problema da conjuntura, bem como, no primeiro capítulo, ao problematizar a questão da "necessidade" em *Ler O Capital*. Gostaria, contudo, de tentar corrigir essa possível inconsistência ao sublinhar aqui minha concordância com Ípola quando afirma que o problema do "aleatório" funcionou sempre como uma problemática latente e em muitos casos mal resolvida na obra althusseriana. Infelizmente, terei que me contentar com essa breve indicação que, se tomada a sério por alguns leitores, poderá abrir espaço para debates até agora negligenciados pelo pensamento althusseriano brasileiro.

---

90 ÍPOLA, Emilio de. *Althusser, el Infinito Adiós*. Buenos Aires: Siglo XXI, 2007.

3

O ANTI-HUMANISMO TEÓRICO E A IDEOLOGIA BURGUESA NO PODER

> *O homem, Sujeito livre; o homem, livre Sujeito de seus atos e de seus pensamentos, é antes de tudo, o homem livre para possuir, vender e comprar: o sujeito de Direito. (Althusser, Marxismo e Filosofia)*

Pudemos ver ao longo dos dois primeiros capítulos que o projeto de Althusser era renovar o marxismo contra o que entendia como infiltrações da ideologia burguesa no campo das lutas proletárias. É sabido que o anti-humanismo teórico é uma das pedras de toque desse combate, o que joga a obra althusseriana no centro de uma série de polêmicas. Dentre outras, destaca-se o fato de que, a rigor, a posição anti-humanista não seria exclusividade do marxismo, já que o movimento "estruturalista" das décadas de 1950 e 1960 a tornou "moda" no mundo todo partindo de uma série de outros filósofos clássicos. Tal constatação impõe, segundo Balibar, uma questão delicada sobre a posição de Althusser. Seria ele um marxista anti-humanista ou um anti-humanista marxista?[1] E a razão dessa interrogação

---

1 "Considerei *excelente* o texto que me mandaste. Sinto-me tão próximo quanto possível deste '*anti-humanismo teórico*' que propuseste com tanta força e vigor, compreendo claramente

é séria já que ainda segundo este autor, o anti-humanismo genérico que pairava à época na atmosfera francesa poderia ser lido como o "pano de fundo de uma verdadeira metafísica, a *philosophia perennis* do anti-humanismo, sempre lutando contra o humanismo".[2] Nesse sentido, definir o vínculo entre seu anti-humanismo e o do próprio Marx representa um combate decisivo para Althusser, cujos episódios mais ilustrativos tentaremos acompanhar em seguida.

3.1. Periodizando o jovem Marx

O capítulo inaugural dessa disputa ocupa uma parte considerável das primeiras obras althusserianas de grande repercussão, mesmo que nelas a abordagem da tensão entre humanismo e anti-humanismo tenha um caráter "aparentemente formal", já que é "a questão das estruturas da dialética" que "governa ali a crítica do humanismo".[3] Paralelamente a isso, contudo, a periodização do desenvolvimento do pensamento do jovem Marx funcionou neste início como construção de uma fundamentação concreta, em termos de conteúdo, dessa separação formal. Nesse sentido, a construção por Marx de uma problemática antiempirista e de causalidade complexa se encontraria na concepção de Althusser com sua tentativa de romper com o humanismo, cristalizando-se no projeto do a-humanismo teórico. O primeiro

---

que é tua posição. Também compreendo claramente, creio, o que significa a noção de humanismo 'ideológico' em certos momentos, a necessidade da ideologia *em geral*, inclusive em uma sociedade comunista etc. Convenceu-me menos tudo que vincula essas propostas com o próprio Karl Marx. Provavelmente haja muito de ignorância em minha desconfiança e na sensação de que outras premissas – não-marxistas – poderiam guiar esse anti-humanismo. O que expões, a partir da página 116 demonstra-me bem a ruptura de Marx com *determinado* humanismo, *determinada* conjunção do empirismo e do idealismo etc. Mas a radicalização resta, parece-me, em seus momentos mais fortes e sedutores, muito althusseriana." (DERRIDA, Jacques. Carta de Derrida a Althusser de 1 de setembro de 1964. In: PEETERS, Benoît. *Derrida: a Biography*. Cambridge: Polity Press, 2013, p. 142).
2 BALIBAR, Étienne. L'Objet d'Althusser. In: LAZARUS, Sylvain (Org.). *Politique et Philosophie dans l'Œuvre de Louis Althusser*. Paris: PUF, 1993, p. 92.
3 Ibid., p. 91.

passo desta tarefa althusseriana é explicado pelo autor em *Sobre o Jovem Marx* (1960), resenha de uma edição da revista *Recherches Internationales* dedicada ao jovem Marx, incluída em *Por Marx*. Embora o problema do humanismo teórico não seja tematizado aí explicitamente, Althusser baseia seu argumento na cisão entre duas problemáticas marxianas. O conceito de "corte epistemológico" não aparece. Em vez disso, o autor refere-se a uma *oposição* entre "o pensamento servo do Jovem Marx" e o "pensamento livre de Marx", em que o primeiro estaria encoberto "por uma gigantesca camada de ilusão" e, portanto, "não pertence ao marxismo".[4] Nem mesmo a interrogação a respeito do momento em que essa ruptura teria ocorrido encontra resposta. Isso é interessante porque nos mostra que o desenvolvimento de conceitos próprios para pensar tal separação será resultante de um avanço na elaboração do autor sobre o tema, acompanhando o desenvolvimento de seu interesse pela lógica científica de Marx e os problemas ideológicos que ela procurava solucionar.

Em outro texto incluído em *Por Marx*, mas redigido três anos depois, o conceito de "corte" já é usado com o claro propósito de abrir a discussão do humanismo teórico marxista e da necessidade de combatê-lo. Em *Marxismo e Humanismo* (1963), assim, sobre os rudimentos do que depois se revelará uma sofisticada e original teoria da ideologia, Althusser situa pela primeira vez em um texto de grande circulação a ruptura de Marx com o humanismo no ano de 1845, periodizando a sua concepção humanista em duas etapas: a primeira, que vai até 1842, de um "humanismo racionalista e liberal", sob a influência de Kant e Fichte; e a segunda, que vai de 1942 a 1945, de um "humanismo comunitário" próximo a Feuerbach. É no arco dessa definição que o autor lança a tese de que o Marx da juventude "jamais foi hegeliano". Vemos, portanto, a crítica

---

[4] ALTHUSSER, Louis. *Por Marx*. Campinas: Unicamp, 2015, p. 63.

dirigida por Althusser ao "jovem Marx" ser definida, prioritariamente, como uma crítica ao "humanismo teórico". O humanismo marxiano é encarado por Althusser não apenas como um desvio *no interior* da problemática, mas como eixo de gravidade dos conceitos que a estabelecem, de modo que seria impossível dissociar, por exemplo, os combates antiteleológico e antiempirista do combate àquele.

Segundo Althusser, o pensamento desse primeiríssimo Marx (pré-1942), envolvido na militância direta pelo combate à censura, às leis feudais e ao despotismo da Prússia, estaria baseado num tipo de humanismo liberal, cuja unidade definiria nos seguintes termos: o princípio de inteligibilidade da história é a *essência do homem*, caracterizada como uma soma de *liberdade* e *razão*. Sobre o primeiro conceito, Althusser nos apresenta duas citações da *Gazeta Renana*: "A liberdade constitui tanto a essência do homem que mesmo seus adversários a realizam ao combater-lhe a realidade"; "A liberdade sempre existiu, ora como privilégio particular, ora como direito geral".[5] Desse modo, segundo ele, o antigo regime poderia ser definido aí como uma sociedade na qual a liberdade se apresenta sob a sua forma não racional, porque não universal, qual seja, a do privilégio. O Estado moderno, por outro lado, reino dos direitos universais do homem, seria a terra da liberdade exercida sob a sua forma racional.

Quanto ao conceito de razão, nesse contexto representaria o próprio fundamento da liberdade reivindicada/atribuída ao homem. A liberdade do homem seria racional e sua autonomia, obediência à lei interior da razão. Tal "lei interior da razão", contudo, deveria existir na modernidade como razão de Estado, isto é, como as leis positivas de um Estado de direito. Desse modo, ao obedecer às leis do Estado, o indivíduo estaria

---

5   Ibid., p. 186.

obedecendo às leis naturais da sua própria razão humana. O papel da filosofia, e da "crítica", definida, portanto, em sentido kantiano, seria exigir que o Estado se adequasse à natureza humana. A política seria então, política liberal, baseada no exercício da imprensa livre e na "crítica" teórica pública. Nesse sentido, a problemática teórica operante nos primeiros textos de Marx seria a de uma lógica expressiva da essência humana, da *realização histórica de uma ideia* de homem e de essência humana.

Althusser prossegue ponderando que após frustrar-se com os desdobramentos da política prussiana, entretanto, Marx teria reformulado sua concepção com base em Feuerbach, para quem haveria uma contradição entre a essência do Estado, concebida como racional, e a sua existência real, tida como irracional. Nele, sob uma inspiração dita "pseudo-hegeliana", a desrazão da história poderia ser pensada como *razão alienada*, de modo a instalar um conceito de *contradição* simples no núcleo da problemática histórica. O Estado, então, antes de oferecer expectativas de resolução racional da sociabilidade dos homens, representaria o lugar onde se alienariam os predicados da essência humana (a liberdade e a razão do homem como ser social), devendo por isso, já segundo Marx, ser combatido. A história, nesse sentido, passaria a ser pensada como um processo linear e contraditório, de separação do homem e seus atributos. Como produção da razão na desrazão. Do homem verdadeiro no homem alienado. Nos produtos alienados do seu trabalho (mercadorias, Estado, religião) estaria a essência do homem: uma essência predefinida, com a qual deve se reconciliar para tornar-se novamente "homem total". Nessa ocasião a política seria pensada como reapropriação prática de uma essência abstrata: não há mais apelo à razão do Estado, o mote deixa de estar na crítica teórica, e se instituiria o primado da prática, reapropriação real de uma essência perdida. Essa forma de entender a política apareceria mais claramente, nos diz Althusser, em *Sobre a Questão Judaica*, de 1843. Ali o Estado cumpriria para Marx a função de cindir o homem em duas dimensões, cidadão e homem civil. O homem viveria, então, apenas imaginariamente os direitos do cidadão, quando na realidade o que poderia experimentar de fato não extrapola os estreitos limites dos direitos humanos. A revolução passa a ser vista, portanto, para além do plano de uma reconciliação com o Estado, mas como uma reapropriação da própria essência humana, a ser retomada da política, do dinheiro e dos deuses. É aqui que o Marx comunista teria encontrado pela primeira vez o proletariado como o *sujeito histórico* capaz de portar a tarefa de desalienação necessária do homem. Pois se na filosofia o homem se arma teoricamente, toma consciência de seu lugar no mundo, no proletariado ele apareceria negado praticamente. Ao proletariado revolucionário, portanto, caberia negar a própria negação e tomar posse de si numa sociedade do gênero humano emancipado. Na desalienação a crítica reconhece suas armas no proletariado: a teoria diz ao proletariado quem ele é, o proletariado realiza a filosofia.

Para Althusser, portanto, apenas com *A Ideologia Alemã* novos conceitos de natureza científica seriam introduzidos, denunciando e fazendo ruir *em certo sentido* tal problemática ideológica da essência humana. Para estudá-la o autor proporia instalar-se no interior da nova problemática, que sendo capaz de pensar "os diferentes *níveis* específicos da *prática humana* em suas articulações próprias"[6] tornaria possível "definir o estatuto do humanismo rejeitando as suas pretensões *teóricas* e reconhecendo a sua função prática de ideologia",[7] reduzindo a cinzas o "mito filosófico (teórico) do homem".[8] Ao se voltar, com isso, para uma caracterização histórica em termos de uma eficácia

---

6 Ibid., p. 190.
7 Id., Ibid.
8 Id., Ibid.

geral de uma estrutura complexa, Marx teria podido rejeitar o princípio expressivo da essência humana como seu motor, situando a subjetividade como resultado ideológico de um processo da estrutura, e não mais como seu ponto de partida. Nessa apresentação esquemática, Althusser logra associar claramente a formação da problemática científica marxiana com uma ruptura em face do humanismo enquanto ideologia: "a essência do homem criticada é definida como ideologia, categoria que pertence à nova teoria da sociedade e da história",[9] ponto que nos interessa aqui de maneira decisiva.

O texto tem, portanto, dois motes principais: 1) demonstrar que o humanismo – associado aos conceitos de Homem, alienação e essência – é uma ideologia empirista-idealista; 2) e que por isso não tem estatuto científico, não podendo pertencer à teoria marxista. Tendo cumprido tal tarefa, contudo, o autor deixa outra em aberto. Althusser nos explica ainda nesse texto que o "reconhecimento e o conhecimento"[10] de uma ideologia como ideologia implica não só mirá-la do ponto de vista de uma teoria científica, mas partindo disso demonstrar *"suas condições de possibilidade, sua estrutura, sua lógica específica e seu papel prático"*, isto é, *"as condições da sua necessidade"*.[11] Para Althusser, portanto, não bastaria denunciar que uma teoria é ideológica, sendo papel da crítica demonstrar a que tipo de processo social geral uma determinada teoria ideológica se vincula, o que equivaleria a efetivamente *conhecê-la*. Nada disso apareceu aí, contudo, senão na forma de alusões.

Não obstante, apesar da ausência de estabelecimento de vínculo entre a posição humanista em teoria e as ideologias práticas às quais ela se ligaria e, portanto, sem poder fornecer o seu *conhecimento*, Althusser foi capaz de identificar e expor, no

---

9   Ibid., p. 188.
10 Ibid., p. 191.
11 Ibid., p. 191, grifos meus.

que diz respeito ao materialismo histórico, os principais *efeitos* perniciosos daí advindos: o empirismo do objeto e a teleologia, de que tratamos nos capítulos anteriores. Assim, o humanismo do jovem Marx foi combatido com mais intensidade nesse primeiro momento de um modo mediado, à medida que os obstáculos epistemológicos por ele erigidos recebiam como antídoto a própria problemática do anti-humanismo teórico marxiano.

Textos como *Contradição e Sobredeterminação* e *A Dialética Marxista*, também incluídos em *Por Marx*, são provavelmente os melhores exemplos de intervenções em que, retomando a lógica profunda das intervenções de Marx – expondo a ruptura entre objeto real e objeto de conhecimento ou a causalidade estrutural e a sobredeterminação das contradições nela operantes – Althusser procurou afastar, mesmo que sem tematizá-la, a influência das filosofias do homem sobre o materialismo marxista, abrindo o espaço de intervenção filosófica efetiva sobre o tema.

Só encontraremos um tratamento mais aprofundado do problema da periodização da obra de juventude de Marx, assim, nos manuscritos de 1967 sobre *A Querela do Humanismo*. Os dois textos reunidos sob o mesmo título foram aparentemente redigidos para comporem um livro jamais terminado. Dos escritos a que se pode hoje ter acesso este é o último no qual consta uma definição da filosofia como Teoria das práticas teóricas. A irrupção[12] de uma nova concepção a esse respeito é provavelmente a causa do seu abandono ao que Goshgarian chamou, aludindo a Marx, a "crítica roedora dos ratos".[13] Tal caráter inconcluso – de seis "problemas" que o autor se compromete a tratar no segundo manuscrito, apenas um está de fato abordado – nos põe numa posição complicada em face dele:

---

12 Consta que os textos foram abandonados quando, num rompante, Althusser escreveu de um só fôlego o seu curso sobre a *Filosofia e Filosofia Espontânea dos Cientistas* em que propõe retificar justamente esta questão.
13 GOSHGARIAN, G. M. Introduction. In: ALTHUSSER, Louis. *The Humanist Controversy and Other Writings*. Londres: Verso, 2003, p. xi.

não se pode saber até onde ia a sua formulação a respeito do tema. No entanto, mesmo na sua incompletude, tais notas representam o nosso melhor ponto de partida.

No primeiro dos dois manuscritos Althusser examinou "a trajetória da problemática humanista nas obras de juventude e de maturidade de Marx"[14], dando o tratamento mais detalhado que a questão recebeu em sua obra. Se nas intervenções anteriores sobre o tema Althusser não dedicou mais do que quatro ou cinco páginas para cuidar da evolução do pensamento do jovem Marx, em *A Querela do Humanismo 1* o tema ocupa três dezenas de páginas. Pode-se, portanto, conferir com certo detalhe os principais movimentos que teriam levado o autor de *O Capital* até o começo de um "corte", no qual abandonaria uma problemática idealista (empirista, historicista, teleológica), e assumiria uma perspectiva capaz de refletir a sociedade em termos de uma articulação conceitual que respeitasse a autonomia de cada prática social. Aqui, portanto, o vínculo entre o humanismo e a causalidade simples presentes no jovem Marx torna-se mais claro.

Iniciando seu estudo pela tomada de posição política de Marx, o autor argelino dirá que aquele passou de uma postura liberal-radical nos anos de 1841-1842 a uma comunista nos anos de 1843-1844. Se, como vimos, a ruptura filosófica com a ideologia burguesa e a passagem ao materialismo dialético só se iniciaram em 1845, seria possível caracterizar aí um "atraso" da evolução *teórica* marxiana em face de sua evolução *política*, o que implicaria que essa primeira tomada de partido tenha ocorrido sob o signo do idealismo. Toda a história teórica do jovem Marx seria, portanto, sob esse ponto de vista, a história da sua luta para forjar, nas condições impostas pelas necessidades e contingências do seu mundo, *uma teoria da sociedade à altura da sua pretensão política.*

---

14 ALTHUSSER, Louis. A Querela do Humanismo II. In: *Crítica Marxista*, n. 14, São Paulo: Boitempo, 2002, p. 48.

Deixando de lado o momento anteriormente referido como kantiano-fitcheano do jornalista da Gazeta Renana, Althusser inicia o seu percurso pela obra de Ludwig Feuerbach, que Marx descobrira no contexto do círculo dos jovens hegelianos de esquerda. Tal obra é caracterizada por Althusser como *"teoricamente retrógrada* relativamente à grande filosofia idealista alemã",[15] à medida que desafiava Hegel com base em fundamentos teóricos que datariam do século XVIII. Podemos reconstruir sumariamente a argumentação do autor dizendo que por meio de uma artimanha de "ecletismo vulgar", Feuerbach teria proposto retomar e solucionar a partir de Hegel os problemas das "Críticas" kantianas: "de modo geral, a crítica das *distinções* ou abstrações kantianas, que se relacionam, para Hegel, com um desconhecimento da Razão, rebaixada ao papel de Entendimento".[16] O autor alemão pretenderia, assim, pensar "a *unidade* das *distinções* ou *abstrações* kantianas" a partir da categoria de Homem, que equipararia ao conceito de Ideia, no que Althusser considera uma demonstração de profunda ignorância a respeito de Hegel.

Dessa "impostura" teria resultado uma proposta teórica ao mesmo tempo "patética" e "perturbadora", que encontraria suas soluções sempre no Homem, nos seus atributos e objetos essenciais, entendidos como a reflexão especular da sua essência. O "Homem é, em Feuerbach, o conceito único, originário e fundamental *com várias serventias*, que faz as vezes do sujeito Transcendental, do Sujeito Numenal, do Sujeito Empírico e da Ideia kantianos, que faz igualmente as vezes da Ideia hegeliana".[17] Portanto, aquilo que Engels chamou de "o fim da filosofia clássica alemã"[18] não seria para Althusser mais do que a solução

---

15 Ibid., p. 19.
16 Id., Ibid.
17 Ibid., p. 20
18 ENGELS, Friedrich. Ludwig Feuerbach e o Fim da Filosofia Clássica Alemã. In: ENGELS, Friedrich; MARX, Karl. *Obras Escolhidas*: vol. 3. São Paulo: Editora Alfa-Ômega, s/d.

dos problemas desta por meio de uma mistura de noções contraditórias da filosofia do século anterior "unificadas através de *trocadilhos* teóricos sob o conceito de Homem".[19] Disso decorreria o fato extraordinário de alguém que era "*ao mesmo tempo*, (...) materialista, idealista, racionalista, sensualista, empirista, realista, ateu e humanista".[20]

Essa operação paradoxal, que, segundo Althusser, Marx cria à época se tratar de uma "inversão" de Hegel, teria como resultado, ainda conforme o argelino, um brutal encolhimento da problemática filosófica hegeliana naquilo que ela teria de contribuição mais decisiva: a sua teoria da História como processo dialético de produção de formas. Trata-se, segundo o autor argelino, de um tema bastante delicado, pois, como repetiu em uma série de ocasiões, seria proveniente da identidade entre os conceitos de História, Dialética e Alienação, ao mesmo tempo aquilo que é a maior dívida teórica de Marx para com Hegel, e o efeito mais pernicioso da filosofia deste sobre a daquele.

Entrando no assunto por esta última questão, Althusser dirá que o grande problema da filosofia hegeliana é justamente a *estrutura teleológica da sua dialética*: o finalismo, o sentido da história contido na própria origem, diante do qual a ciência histórica não poderia transigir. Sem questionar tal estrutura, e retomando de Hegel a visão da história como um processo de alienação, Feuerbach lhe teria introduzido novos elementos. O principal deles seria a designação de um Sujeito para o processo de alienação, o que conferiria à sua argumentação um caráter antropológico totalmente estranho à estrutura conceitual hegeliana, que ele visaria a reproduzir "de modo invertido". Pois em Hegel não só não haveria Sujeito no processo histórico, uma vez que o "sujeito" seria o próprio processo – a rigor "esse sujeito é a própria *teleologia do*

---

19 ALTHUSSER, Louis. A Querela do Humanismo II. In: *Crítica Marxista*, n. 14, São Paulo: Boitempo, 2002, p. 20.
20 Id., Ibid.

processo, é a *Ideia* no processo de autoalienação, que a constitui como Ideia"[21] –, mas esse processo teria início independentemente do Homem, como processo de alienação da própria Natureza, que seria, por sua vez, alienação da Lógica.

No entanto, e já tocando na questão da "grande dívida" de Marx para com Hegel, uma vez que o autor pudesse dispor dos instrumentos teóricos necessários para produzir a abstração e a rejeição da dimensão finalista da concepção hegeliana – pela introdução de um conceito de causalidade complexa –, lhe sobraria o conceito de história como *processo de produção de formas*, ponto tido como decisivo de ligação entre os dois autores para Althusser. Para tanto, contudo, Marx teria que ser capaz, nos anos seguintes a 1844, não apenas de se livrar da visão antropológica de Feuerbach, mas de eliminar o raciocínio da alienação do núcleo de seu pensamento dialético, de modo a inviabilizar uma representação da história como processo com ponto de partida unívoco. Tendo feito isso, o autor chegaria a uma concepção da história como um processo de produção de formas sem sujeito, ou simplesmente, um *processo sem sujeito*. A categoria resultante dessa dedução, identificada por Althusser, constituirá uma bandeira de sua crítica ao humanismo desse momento em diante.

Para retornar a Feuerbach e ao encolhimento da filosofia alemã, que é aqui o que nos interessa para a compreensão da análise do humanismo do jovem Marx, retomaremos que ele recebe de Hegel: a categoria da alienação. Como vimos, Feuerbach transformaria o conceito de alienação num certo sentido: o Homem torna-se o Sujeito do processo. No entanto, seria preciso fazer notar, segundo Althusser, que no mesmo golpe ele eliminaria também a noção de processo, reduzindo a alienação a uma exteriorização imediata. Nesse sentido, Althusser falará, portanto, da "história" em Feuerbach como a objetivação

---

21 Ibid., p. 23.

imediata da essência do Homem que é o seu Sujeito. Com isso a categoria hegeliana de trabalho estaria banida, e a alienação se reduziria a uma "equação especular", uma inversão no sentido da identidade entre Sujeito e Objeto, que permaneceria, contudo, um ponto de partida essencial. Uma vez que "o objeto com o qual o sujeito se relaciona essencial e necessariamente nada mais é que a essência própria, objetiva deste sujeito",[22] no processo de alienação o Homem, que é o seu verdadeiro Sujeito, vê-se como Objeto de um Sujeito que é, de fato, a sua Essência objetivada. Althusser ilustra o processo com um exemplo tomado diretamente de Feuerbach: "O homem acredita ser o objeto de um Sujeito que é Deus, enquanto que ele é o verdadeiro Sujeito de seu Objeto genérico que é Deus, onde ele reencontra apenas a sua própria essência, simplesmente na forma de uma inversão de sentido".[23] A história se resumiria aí, portanto, ao "horizonte absoluto da relação especular da Essência humana e *seus* objetos".[24] E a alienação, deixando de ser um processo de transformação real, se tornaria apenas um processo de inversão de significados. É por isso que a desalienação em Feuerbach seria vista como simples tomada de consciência – inversão da inversão do olhar –, i.e., uma hermenêutica. Nesse sentido Althusser define o humanismo teórico de Feuerbach como "uma ideologia pequeno-burguesa descontente com o despotismo prussiano e com a impostura da religião estabelecida, mas assustada com a Revolução que seus conceitos morais tinham de antemão desarmado".[25]

É assim que Feuerbach, atribuindo a necessidade daquilo que não era conforme a Razão a uma Essência alienada, explicando porque o Estado, reino da Razão em Hegel, era de fato tão Irracional,

---

22 FEUERBACH, Ludwig. *A Essência do Cristianismo*. Petrópolis: Editora Vozes, 2007, p. 37.
23 ALTHUSSER, Louis. *Op. Cit.* p. 25.
24 Id., Ibid.
25 Ibid., p. 26.

teria podido apresentar uma via de saída para a compreensão de matriz positivista do direito e da política então em voga, o que teria encantado os jovens hegelianos de esquerda entre os quais estava Marx. E é só a partir dessa contextualização que poderemos falar deste, uma vez que, conforme disse Althusser, até os *Manuscritos Econômico-Filosóficos de 1844*, "Marx é, teoricamente falando, feuerbachiano, e sem nenhuma restrição".[26] Pois, apesar de tomar a política como objeto de reflexão, coisa que Feuerbach teria feito pouco, e de se posicionar politicamente, coisa de que Feuerbach "era bem incapaz",[27] em *Crítica da Filosofia do Direito de Hegel* ou em *Sobre a Questão Judaica* Marx apenas teria repisado a problemática feuerbachiana:[28] "não faz mais do que *estender da religião à política uma mesma teoria*: a teoria feuerbachiana do Homem e da alienação".[29] Afinal, não é ele próprio a dizer que a tarefa da filosofia é tão só "depois de desmascarada a forma sagrada da autoalienação humana, desmascarar a autoalienação nas suas *formas não sagradas*"?[30] Portanto, todos os efeitos novos produzidos pela reflexão de Marx nesse período seriam corolários já contidos em potência na problemática teórica de Feuerbach.

Mas nos *Manuscritos* algo se alteraria. Sabe-se que aí Marx reivindica abertamente o comunismo e a Economia Política Clássica entra efetivamente em questão, "não só como um jogo de palavras", mas com todas as suas categorias teóricas. Nesse

---

26 Ibid., p. 27.
27 Id., Ibid.
28 Veja-se, por exemplo, "Mas o *homem* não é um ser abstrato, acocorado fora do mundo. O homem é o *mundo do homem*, o Estado, a sociedade. Esse Estado e essa sociedade produzem a religião, uma *consciência invertida do mundo*, porque eles são um *mundo invertido*." (MARX, Karl. Introdução à Crítica da Filosofia do Direito de Hegel. In: MARX, Karl. *Crítica da Filosofia do Direito de Hegel*. São Paulo: Boitempo, 2010, p. 145); ou "Muito longe de conceberem o homem como um ente genérico, esses direitos deixam transparecer a vida do gênero, a sociedade, antes como uma moldura exterior ao indivíduo, como limitação de sua autonomia original." (MARX, Karl. *Sobre a Questão Judaica*. São Paulo: Boitempo, 2010, p. 50).
29 ALTHUSSER, Louis. *Op. Cit.* p. 28.
30 MARX, Karl. *Crítica da Filosofia do Direito de Hegel*. São Paulo: Boitempo, 2010, p. 146.

contexto, Marx procederia criticando-a a partir do humanismo feuerbachiano, de modo que a teoria da alienação como relação especular do Homem com os seus objetos funcionaria como a raiz da teoria do trabalho alienado. E é precisamente aqui que uma novidade se manifestaria. Se por um lado "o princípio da alienação permanece o mesmo", atuando "no seio da relação especular: operário (sujeito) = seus produtos (seus Objetos), onde o Homem = seu mundo de objetos",[31] por outro o conceito de trabalho como um processo reintroduziria um sentido histórico à teoria da alienação. Esse "retorno" ao escopo hegeliano, contudo, teria uma abrangência muito bem delimitada:

> Conhecendo aquilo que, de Hegel, é assim introduzido no interior do que reconhecemos como o campo teórico de Feuerbach, podemos então enunciar claramente o resultado dessa intervenção. A História hegeliana, *como processo dessa alienação*, uma vez incluída no campo teórico especular Sujeito (homem) = Objeto (produtos do mundo humano em suas diferentes esferas: econômica, política, religiosa, moral, filosófica, artística etc.) reveste inevitavelmente a forma seguinte: História como *processo de alienação de um sujeito, o Homem*. A História dos *Manuscritos de 1844* é, no sentido estrito dessa vez, para retomar uma fórmula da qual já dissemos que não poderia ser hegeliana, '*a história da alienação (e de desalienação) do homem*'. Essa fórmula exprime rigorosamente o efeito de intervenção de Hegel em Feuerbach, pois o conceito hegeliano da história como processo de alienação (ou processo dialético) é *teoricamente submetido* à categoria não-hegeliana de Sujeito (homem). Lidamos com aquilo que não possui nenhum sentido em Hegel: uma concepção antropológica (ou humanista) de história.[32]

Segundo o autor, assim, o antropologismo marxiano dessa época não teria raiz hegeliana, restando aí de Hegel apenas a

---
31 ALTHUSSER, Louis. *Op. Cit.* p. 30.
32 Ibid., p. 30-31.

estrutura teleológica da história, no sentido de que não conceberia autonomia específica às diversas esferas de práticas sociais. Tal estrutura reapareceria em Marx sob os conceitos de processo e de trabalho, mas apenas no espaço *entre* Sujeito e Objeto, restando estes dois ainda fora da história. O binômio Sujeito-Objeto ganharia agora um novo termo: Trabalho. Sujeito = Homem = Trabalho = Essência. "O Trabalho não é nada mais do que o ato de objetivação das Forças Essenciais do Homem nos seus produtos. O processo de alienação do homem exteriorizando suas forças essenciais em produtos através do trabalho é a História".[33] Marx não trataria mais, portanto, de um Feuerbach *puro*, embora continuasse operando a sua problemática teórica apenas enriquecida pelo conceito de trabalho. Com isso, no entanto, a historicidade poderia penetrar no processo de exteriorização, mitigando a imediaticidade da reflexão Sujeito-Objeto, mesmo que estes dois termos continuassem a-historicizados.

A diferença fica ilustrada no seguinte diagrama:

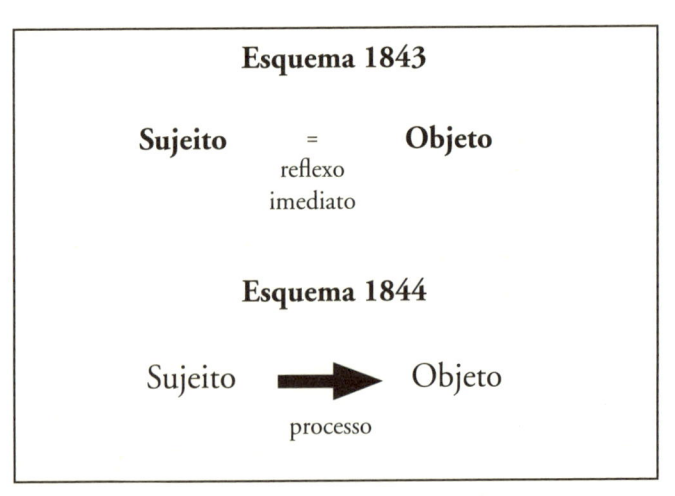

Esquema 1843

Sujeito = Objeto
reflexo
imediato

Esquema 1844

Sujeito → Objeto
processo

Mediante esta manobra o Marx dos *Manuscritos de 1844* conseguiria amarrar numa mesma problemática a Economia

---

33   Ibid., p. 31.

política, a dialética hegeliana e uma teoria humanista da história, sob a dominância desta última. Resultaria daí aquilo que Althusser chamou de "o mais extraordinário texto de ideologia teórica que Marx nos legou", seu único texto "onde a dialética hegeliana mais pura exerce-se alegremente sobre as categorias da Economia Política".[34] Sob a dominância de Feuerbach, contudo, a problemática hegeliana apareceria "invertida" – de idealismo em materialismo num sentido específico – produzindo o que Althusser denominou o "obstáculo da inversão de Hegel", mantido mesmo no posfácio à segunda edição do livro 1 de *O Capital*.

Sobre a posição desses *Manuscritos* no movimento de evolução do pensamento marxiano, Althusser nos diz, portanto:

> Querendo-se ter uma idéia daquilo que foi chamado de *Humanismo teórico*, com o qual Marx rompeu, deve-se então voltar a *Feuerbach*. Querendo-se compreender até onde se estende em Marx o reino do Humanismo teórico de Feuerbach, deve-se reconhecer que os *Manuscritos de 1844* são, contrariamente às opiniões interessadas que correm em certos meios, o texto onde essa concepção culmina e triunfa na sua maior potência, sendo ela capaz de submeter à sua lei a dialética hegeliana e a Economia Política em pessoa.[35]

Isto posto, arremata atribuindo a esse momento específico a ereção dos obstáculos epistemológicos mais decisivos para Marx. "A história é um processo de alienação de um Sujeito, o Homem"[36] seria uma frase capaz de sintetizar o que está aí em jogo. Alienação, Sujeito e Homem constituiriam três obstáculos epistemológicos em oposição ao único conceito que poderia adquirir uma conotação efetivamente científica, o de processo. Assim, se por um lado este texto é

---
34 Ibid., p. 32.
35 Id., Ibid.
36 Id., Ibid.

definido como aquele em que Feuerbach culmina – consegue dominar Hegel e a Economia Política – será ao mesmo tempo o último em que o fará. Daí em diante, tanto nas *Teses sobre Feuerbach* quanto em *A Ideologia Alemã* teria se iniciado o longo processo de desalojamento e expulsão da sua influência sobre Marx. Um índice disso: enquanto na apresentação aos *Manuscritos* a sua obra é dita "profunda, extensa e duradoura"[37] nas *Teses* ele será enfaticamente hostilizado até restar completamente abandonado.

Mas, como dissemos, entre a declaração dessa ruptura e a sua efetivação muito teria se passado. Ao mesmo tempo em que nas *Teses* Marx negaria o legado de Feuerbach, apresentando novos modos de pensar a sociedade, ele continuaria, ademais, colocando as questões do mundo social em termos de essência do Homem: "a essência humana não é uma abstração intrínseca ao indivíduo isolado. Em sua realidade, ela é o conjunto das relações sociais".[38] A problemática do gênero humano, sob o conceito de "essência humana", obstaculizaria, então, a proposição do problema da estrutura da sociedade. Por outro lado, neste texto a história lograria penetrar, por meio do conceito de *práxis*, os conceitos de Sujeito e de Objeto:

> Filosoficamente, essa transformação é importante. Ela significa, de fato, que Marx tira certas consequências de sua ruptura com o Humanismo Teórico de Feuerbach, no que concerne às categorias típicas constitutivas do campo da relação especular, e também no que concerne à operação tentada nos *Manuscritos...*: Hegel *em* Feuerbach. De fato, superar o Sujeito = Objeto é fazer agir a dialética hegeliana sobre os próprios conceitos feuerbachianos de Sujeito e de Objeto. A práxis histórica é o conceito de um compromisso teórico, onde, desta

---

37 MARX, Karl. *Manuscritos Econômico-Filosóficos*. São Paulo: Boitempo, 2004, p. 20.
38 MARX, Karl; ENGELS, Friedrich. *A Ideologia Alemã*. São Paulo: Boitempo, 2013, p. 538.

vez, a relação anterior é modificada: a práxis histórica é o que resta de Feuerbach em um certo Hegel, e muito precisamente a transformação do Sujeito em práxis, e a *historicização desse sujeito* como sujeito.[39]

Em *A Ideologia Alemã*, assim, Sujeito e Objeto já seriam categorias históricas, e a sua essência seria tornada, com isso, dinâmica. Ocorre que o modo como esse binômio teria sido mantido bastaria, segundo Althusser, para sustentar ainda em certa medida seu traço humanista. Não entraremos aqui na questão de que uma tal concepção historicista relativiza a própria objetividade do conhecimento para ir direto ao ataque empreendido por Marx e Engels à noção "abstrata" de Homem, e aos efeitos científicos que ela estaria apta a gerar. Quanto a isso, Althusser reputa decisiva a recepção da crítica que Stirner opõe à teoria do homem de Feuerbach em seu *O Único e sua Propriedade*.[40] A denúncia da dimensão teológica do conceito de Homem utilizado por Feuerbach teria indicado aos autores um caminho para a sua rejeição, que, no entanto, teriam posto em seu lugar o conceito empírico de indivíduo.

---

39 ALTHUSSER, Louis. *Op. Cit.* p. 36.
40 "Mas com isso [o expediente utilizado por Feuerbach] perdemos o ponto de vista estritamente religioso, perdemos o Deus que, deste ponto de vista, é o sujeito; mas, em compensação, obtemos a outra parte do ponto de vista religioso, a moral. Deixamos, por exemplo, de dizer «Deus é o amor», e dizemos «o amor é divino». Se colocarmos ainda no lugar do predicado «divino» o seu sinónimo «sagrado», as coisas voltam exactamente ao ponto de onde partiram. O amor será então o que há de bom no homem, o seu lado divino, aquilo que o honra, a sua verdadeira humanidade (é ele que «verdadeiramente o torna homem», que dele verdadeiramente faz um ser humano). Postas as coisas de forma mais exacta, poderia dizer-se: o amor é o humano no homem, e o inumano é o egoísta desprovido de amor. Mas precisamente tudo aquilo que o cristianismo e, com ele, a filosofia especulativa, a teologia, têm para oferecer como sendo o bem e o absoluto não é, para a singularidade--do-próprio (Eigenheit), o bem (ou, o que vai dar ao mesmo, é apenas o bem); deste modo, com a transformação do predicado em sujeito, a essência do cristianismo – e é o predicado que contém a essência – acaba por fixar-se de forma ainda mais opressiva. E Deus e o divino confundir-se-iam ainda mais inextricavelmente comigo. Nenhuma pretensão de vitória total pode fundar-se na expulsão de Deus do seu céu e da transcendência, se com isso apenas o empurramos para o coração humano e lhe oferecemos uma imanência indelével. Agora diremos: o divino é o que há de mais verdadeiramente humano!" (STIRNER, Max. *O Único e sua Propriedade*. Lisboa: Antígona, 2004, p. 45).

Essa substituição teria desalojado o Homem da posição de sujeito da história, alocando ali indivíduos tomados empiricamente, com suas condições históricas, suas relações interpessoais e suas forças produtivas – o que nos deixaria muito mais próximos da definição de homem da Economia Política Clássica. A historicização do Sujeito-Homem, pela entrada em cena dos sujeitos-indivíduos não retira a noção de sujeito da posição de ponto originário de onde parte a teoria, como vimos ainda no primeiro capítulo deste trabalho. Assim, o novo conceito de divisão do trabalho passaria a fazer as vezes da antiga categoria da alienação, sendo responsável por separar os sujeitos daquilo que produzem como seus objetos. Nessa separação os indivíduos encontrariam o efeito de inversão especular na dominação que os frutos do seu trabalho exercem sobre eles, num raciocínio que retoma o humanismo acima criticado.

É, portanto, precisamente como *potência deste indivíduo empírico* concebido como ponto de partida da teoria que as "Forças Produtivas" se tornariam em vários momentos do pensamento marxiano o motor do desenvolvimento histórico, segundo Althusser. Isso porque seriam pensadas ainda sob o esquema feuerbachiano dos atributos essenciais de um sujeito constituinte da história. Nesse sentido Althusser denuncia que a relação estabelecida entre divisão do trabalho e alienação em *A Ideologia Alemã* manteria a teleologia do processo histórico hegeliano: ao declarar que os indivíduos são os sujeitos no lugar do Homem abstrato, a teleologia é aparentemente banida, mas a sua persistência como sujeitos de um processo de alienação a reintroduziria em outro local.

Essas aquisições, entretanto, teriam tornado possível pensar o que outrora era "a questão do Homem" a partir de três problemas específicos: uma teoria do sujeito, uma teoria da sociedade e uma teoria da ideologia. Sob o signo desta última, o Homem se tornaria uma ilusão. Mas a categoria empírica de indivíduo que entraria em seu lugar não colocaria teoricamente o problema da sua ausência, e por isso mesmo não poderia resolvê-la. Essa solução só chegaria à medida que Marx se tornasse capaz de problematizar o conceito empírico de indivíduo a partir do ponto de vista da estrutura social, percebendo-o então como um obstáculo à compreensão da própria sociedade. Seria esta, portanto, a via de fuga da ideologia humanista marxiana, a ser completada em *O Capital.*

3.2. A ideologia religiosa no poder

Uma vez tendo dado cabo da evolução do pensamento do jovem Marx até desaguar em *A Ideologia Alemã*, obra em que o corte epistemológico teria tido o seu início, Althusser pode avançar, nisto que será o segundo manuscrito sobre a "querela do humanismo", indicando os principais obstáculos epistemológicos impostos pela ideologia do Humanismo teórico[41] e anunciando a análise dos problemas reais que eles teriam o condão de encobrir.[42] Aqui poderemos reencontrar um aspecto decisivo da teoria althusseriana das ideologias teóricas, que é o

---

41 "1. a noção de Homem (essência ou natureza do Homem); 2. a noção de espécie humana ou Gênero humano (essência genérica do homem, definido pela consciência, o coração, a intersubjetividade etc.); 3. a noção de indivíduo "concreto", "real" etc.; 4. a noção de sujeito (subjetividade "concreta", sujeito constituinte da relação especular, do processo de alienação, da História etc.); 5. a noção de consciência (por exemplo, como essência diferencial da espécie humana, ou como essência do ideológico); 6. a noção de trabalho (como essência do homem); 7. a noção de alienação (como exteriorização de um Sujeito); 8. a noção de dialética (enquanto ela implicar a teleologia)." (ALTHUSSER, Louis. *Op. Cit.* p. 50).

42 "1. Problema da definição da *espécie humana* ou da diferença específica que distingue as formas de existência da *espécie humana* das formas de existência das espécies animais (obstáculos: as noções de essência genérica do homem, de consciência etc.); 2. Problema da estrutura das *formações sociais* obstáculos: as noções de Homem, de essência genérica do Homem, de "coração" ou de intersubjetividade, de consciência, de Sujeito etc.); 3. problema da dialética da *história* como processo sem sujeitos (obstáculos: as noções de Homem, de Gênero, de sujeito, de alienação, de dialética-teleológica); 4. problema das formas da *individualidade* (obstáculos: as noções de Homem, de Gênero, de indivíduo, de sujeito, de concreto etc.); 5. problema da natureza do *ideológico* (obstáculos: as noções de Homem, de consciência, de subjetividade etc.)." (ALTHUSSER, Louis. *Op. Cit.* p. 52).

desvendamento de seu vínculo necessário com ideologias práticas, mesmo que de um modo ainda um tanto precário. Tal questão aparece na análise pelo autor da "definição da espécie humana ou da diferença específica que distingue as formas de existência da espécie humana das formas de existência das espécies animais"[43] segundo Feuerbach.

Não seguiremos o tema em detalhe como faz Althusser. Para ir direto ao ponto, acompanharemos sua argumentação no que tange à teoria de Feuerbach a respeito do gênero humano, tido como "a espécie de todas as espécies". Feuerbach situaria a "diferença *essencial* entre o homem e o animal" na "consciência em sentido rigoroso", o que quereria dizer a capacidade que um ser tem de tomar o seu gênero como objeto. "De fato, é o animal objeto para si mesmo como indivíduo – por isso tem ele sentimento de si mesmo – mas não como gênero – por isso falta-lhe a consciência, cujo nome deriva de saber"[44] diz Feuerbach em *A Essência do Cristianismo*. E mais adiante: "a consciência [do homem] é essencialmente de natureza universal, infinita",[45] no que também se diferencia dos animais. Essa teoria da consciência como "presença imediata do Gênero no indivíduo"[46] teria, segundo Althusser, uma acepção prioritariamente moral e, mais especificamente, de moral religiosa. Por isso, diz o autor, a noção de Gênero Humano funcionaria não *pensando*, mas apenas *declarando* o caráter extraordinário do Homem em face de toda criação: "o Homem é esse ser excepcional que tem por atributos o Universal, a Razão, a Consciência (racional, moral e religiosa) e o Amor".[47]

A respeito da problemática do "Gênero humano" em Feuerbach, Althusser dirá, portanto, que:

---
43 ALTHUSSER, Louis. *Op. Cit.* p. 52.
44 FEUERBACH, Ludwig. *Op. Cit.* p. 35.
45 Ibid., p. 36.
46 ALTHUSSER, Louis. *Op. Cit.* p. 56.
47 Id., Ibid.

serve para fundamentar a intersubjetividade "concreta" (o Eu-Tu) que atua em sua obra, ao mesmo tempo, como Sujeito transcendental e Sujeito Numenal; serve para fundamentar a teoria especular do Horizonte absoluto onde o homem encontra no seus Objetos os reflexos de sua Essência; serve para "pensar" a História, distribuindo o Gênero Humano em todos os indivíduos passados, presentes e futuros – ela é portanto o nome desse Futuro do qual o presente tem perpetuamente necessidade como suplemento para compensar seu vazio teórico; ela serve enfim para representar o "coração", a natureza comunitária (do) Homem, que desenha de antemão a figura utópica do comunismo. Mas, para voltarmos ao nosso tema, a noção de Gênero Humano serve também para fundamentar a *velha distinção espiritualista* do privilégio do homem sobre todo o reino natural.[48]

Com isso podemos perceber que, embora tenha as funções teóricas mais diversas no que concerne a sua imanência ao plano filosófico, essa estratégia de pensamento teria em última instância, no que recebe e no que transborda como efeito da e para a luta de classes, o papel de fundamentar uma tomada de partido de natureza religiosa. Assim, ao retratar o homem como o centro do mundo, Feuerbach não faria mais do que, sacralizando-o, remeter à divina criação e ao papel especial que Deus lhe teria concedido. Nessa toada, Althusser define o movimento de diferenciação entre o Homem e o animal como um ponto decisivo da concepção filosófica de Feuerbach já que sua estrutura especificamente filosófica ganharia aí uma ideologia prática a explorá-la:

> Não nos surpreenderemos, nessas condições, com a extrema importância *ideológica* da questão de definição da espécie humana, naquilo que a distingue das espécies animais. Essa

---

48 Ibid., p. 55.

> questão serviu durante muito tempo sob formas abertas, e serve ainda maciçamente sob formas transpostas, como campo de disputa simbólica onde se decide (na medida em que ele se decide) o destino da ideologia religiosa e moral; antes de tudo o destino da religião, das Instituições (as Igrejas e seus poderes) e dos grandes Interesses políticos que a eles estão ligados (no fim das contas, relações de dominação de classe).[49]

Assim, pode inventariar os impactos da proposição ideológica desse "problema" em cada um dos campos da análise. Na filosofia, ela estabeleceria uma "distinção idealista entre ciências da Natureza e ciências do Homem", que visaria a desautorizar a "tese materialista marxiana da Unidade epistemológica de todas as ciências",[50] visão posteriormente abandonada por Althusser. Já nas ciências, funcionaria em vários sentidos como um obstáculo epistemológico resistente. Aqui provocaria efeitos devastadores, uma vez que não poderia ser destruído neste terreno, pois estaria enraizado fora, em relações de classe. Mas é no campo teórico em sentido lato – ali onde interagem ciência, filosofia e ideologias teóricas – que as suas feições poderiam ser vistas de maneira mais clara. Ao decifrar o que acredita ser um enraizamento da concepção de Feuerbach nos valores da ideologia religiosa, Althusser pode, nos termos de *Filosofia e Filosofia Espontânea*, indicar quem toma o poder quando Feuerbach toma o poder. Nesse sentido, tanto a teoria marxiana de juventude seria dominada pelos interesses de classe associados à ideologia religiosa, quanto a sua intervenção colaboraria para difundir no tecido social uma concepção teológica do mundo.

Podemos aqui constatar que em contraste com os seus primeiros textos sobre a juventude de Marx, em que Althusser apenas identifica os efeitos teóricos regressivos produzidos pela

---
49 Ibid., p. 56.
50 Ibid., p. 57.

problemática ideológica marxiana, agora ele é capaz de estabelecer uma correlação entre o trânsito entre Hegel, Feuerbach, a Economia política e a sua unificação sob o humanismo, e os obstáculos epistemológicos contra os quais o autor de *A Ideologia Alemã* teve que se debater. Se anteriormente as ideologias teóricas idealistas flutuavam no campo filosófico, agora a cada tomada de posição filosófica corresponderia a tomada de poder por uma ideologia prática particular e identificável. Com isso, Althusser foi capaz de atribuir à ideologia religiosa o papel de referente inconsciente da filosofia marxiana de juventude.

Cumpre, entretanto, ressaltar, que em virtude de tal texto ter permanecido incompleto, não é possível saber se essa primeira vinculação entre humanismo teórico e ideologia prática religiosa seria mantida por Althusser ao longo do raciocínio, ou se se tratava apenas de etapa preliminar da argumentação. Tal perspectiva parece, sem dúvida, plausível se levarmos em conta a exploração do marxismo, por exemplo, por Garaudy, à qual aludimos no início do capítulo anterior. De todo modo, nosso objetivo ao trazer tal discussão foi o de levantar o problema dessa relação, que será resolvido pelo autor mais tarde, conforme tentaremos demonstrar a seguir.

3.3. A ideologia jurídica no poder

As leituras do jovem Marx correntes à época, embora preservassem em certa medida o viés religioso que lhe imprimiu Feuerbach, nem sempre, ou melhor, na maioria das vezes não poderiam ser definidas adequadamente pela sua conexão com uma ideologia prática religiosa. Althusser chegou a essa "retificação" após um longo período de elaboração teórica e de reconstituição do seu entendimento sobre a natureza da filosofia marxista, o que lhe permitiu analisar as críticas que John Lewis havia lhe dirigido e conectá-las com uma apreciação do contexto do movimento comunista internacional. O pensamento do inglês é aqui tomado como o contraexemplo que permite a Althusser ver em alto contraste as ideologias que disputariam o marxismo, possibilitando um novo salto na compreensão do humanismo como ideologia. O estudo tem, portanto, dois momentos: o *primeiro*, de leitura do texto de John Lewis, e o *segundo*, de relacioná-lo com uma tese sobre a conjuntura política e teórica dos movimentos ligados ao marxismo.

3.3.1. Uma resposta a John Lewis

Em seu ensaio, *O Caso Althusser*, John Lewis, um filósofo e militante do partido comunista britânico, acusa o autor argelino de, com seu "extremo dogmatismo", encarnado na recusa em reconhecer o caráter humanista do marxismo e o "fato" de que é o "*Homem* quem faz história",[51] ser o "último campeão de uma ortodoxia em graves dificuldades".[52] Pois, ao tentar opor-se ao existencialismo e às "teorias moralistas do socialismo" por meio de um anti-humanismo teórico, Althusser estaria de fato curando "a dor de dente do paciente ao cortar-lhe a cabeça", o que evidentemente seria um "preço alto demais a ser pago".[53] Mas talvez o índice mais sintomático da sua oposição a Althusser seja o fato de que enquanto este falava de uma crise decisiva que punha em risco todo o empreendimento do movimento comunista, John Lewis descrevia a situação da política e da teoria marxistas como em ascensão "em todos os lugares".[54]

Ao tratar da intervenção de John Lewis, Althusser a resume em três teses: "*Tese nº 1*: É o homem que faz a história"; "*Tese nº 2*: O homem faz a história transcendendo a história"; "*Tese nº 3*: O homem conhece apenas o que ele faz".[55] Daí o autor extrai

---
51 LEWIS, John. The Case Althusser. In: *Australian Left Review*, 1(37), 1972, p. 26.
52 Ibid., p. 25.
53 Ibid., p. 17.
54 Ibid., p. 16.
55 ALTHUSSER, Louis. *Posições 1*. Rio de Janeiro: Graal, 1978, p. 20.

de imediato um paralelo entre o conceito de Homem de John Lewis e o conceito de Deus da filosofia clássica:

> O homem comum de J. Lewis é um pequeno deus laico, que como todo mundo (quero dizer, como todos os seres vivos) está "no banho", mas que é dotado do prodigioso poder da liberdade de pôr a cada instante a cabeça para fora da água e mudar o 'nível' do líquido, um pequeno deus sartreano sempre "em situação" na história, dotado do inusitado poder de 'superar' qualquer situação e de dominar qualquer "situação", qualquer obrigação, de resolver todas as dificuldades da história e de dirigir-se para o futuro cantado pela Revolução humana e socialista: o homem é, por essência, um *animal revolucionário* porque é um animal *livre*.[56]

Nesse trecho, é possível observar uma nova ocorrência na obra de Althusser. Se o paralelo estabelecido em *A Querela do Humanismo* entre uma concepção idealista de Homem e deus é mantido, agora ele não encerra a explicação, funcionando apenas como um ponto de apoio para um movimento que prossegue. Neste caso, portanto, ao usurpar o lugar de deus, a categoria de Homem vem instalar o domínio não mais de uma ideologia religiosa, mas de uma ideia burguesa de liberdade. Aqui, portanto, a problemática da *liberdade do Homem*, equiparada à liberdade de Deus, ao acenar com o restabelecimento do sagrado como obstáculo político/científico, não apenas incide sobre a questão do primado Homem-Deus, servindo antes, segundo Althusser, para escamotear a questão da determinação da liberdade pelas relações sociais de produção. Mas isso não é mais do que uma primeira forma de colocar o problema. Para desenvolver seu argumento sobre bases efetivamente teóricas, Althusser faz contrastar o humanismo de

---

56 Id. *Para una Crítica de la Práctica Teórica: Respuesta a John Lewis*. Buenos Aires: Siglo XXI, 1974, p. 26.

Lewis com o que considera uma resposta marxista-leninista aos mesmos problemas.

Ao se deixar levar, mesmo que conscientemente, pela ordem de exposição de John Lewis, Althusser não poderá responder à primeira tese senão provisoriamente. Portanto, isto que aparece de um modo um tanto inadequado inicialmente vai sendo lapidado até adquirir sentido diverso posteriormente. À tese 1 "É o homem quem faz a história", assim, Althusser opõe a tese "São *as massas* que fazem a história". Essa proposição tem um sentido prioritariamente performático, como veremos em seguida.

Na Tese 2 tudo volta ao seu eixo. A "O homem faz a história 'transcendendo' a história" Althusser opõe "A luta de classes é o motor da história". Se ao afirmar, na tese anterior, que quem faz a história são as massas e não o homem, o autor não fez mais do que dar uma resposta diferente a uma mesma questão: quem faz a história?, questão que "pressupõe que a história é o resultado da ação (fazer) de um *sujeito*",[57] mediante este novo avanço ele poderá situar adequadamente o caráter ideológico do próprio campo dessa problematização. Ao definir as massas como um conjunto heterogêneo e dinâmico de classes, camadas, frações etc., Althusser procurou demonstrar o caráter impraticável de se pensar a transformação histórica sob os termos de um *sujeito da prática*, impondo uma problemática da estrutura como solução desse problema. Mas só agora, ao deslocar a questão de "quem faz a história" para os termos de "qual *relação move* as revoluções na história", o autor logra propor em sua base adequada o objeto a que a questão ideológica do "quem?" aludia. Esse reposicionamento dissolve as categorias do humanismo de J. Lewis, avançando conceitos para ocuparem seu lugar.

Assim, se antes as massas – como conjunto de classes exploradas –, *sujeito* que faz história, adquiriam o papel central na

---

57 ALTHUSSER, Louis. *Posições 1*. Rio de Janeiro: Graal, 1978, p. 25.

questão da transformação revolucionária, agora quem ganha o centro é a *relação* de luta de classes. O debate é deslocado do sujeito para o processo de subjetivação. Assim, quando Althusser fala no texto de luta de classes como motor da história, ele não está tomando nenhum sujeito como ponto de partida, mas introduzindo uma tematização da relação entre estrutura social e subjetivação. Tal mudança pode ser exposta simplificadamente pelo autor da seguinte maneira. Na primeira concepção, tipicamente a do reformismo, existiriam duas classes fundamentais, cada uma de um lado, como existem dois times de futebol. A luta de classes teria início apenas quando as duas se encontrassem e começassem a lutar: aqui "as classes existem *antes* da luta de classes, *independentemente* da luta de classes e a luta de classes existe somente *depois*".[58]

Já na formulação da tese 2 de Althusser, seria impossível separar as classes de um lado, da luta de classes de outro: "a luta de classes e a existência das classes são uma só e mesma coisa".[59] É a *exploração* de uma classe sobre a outra, e, portanto, as relações de produção da sociedade, que estabelecem a própria divisão da sociedade em classes: "a exploração já é luta de classes".[60] Desse modo, o ponto de partida da ciência da história não poderia ser uma classe ou outra, mas a própria relação de exploração que as constitui, isto é, a luta de classes entendida em um sentido amplo. Nessa toada, diz Althusser, "é preciso superar a imagem do campo de futebol e, portanto, de dois grupos de classes que trocam socos, para considerar o que delas faz *tanto* classes *quanto* classes antagônicas, a saber, *a luta de classes*".[61] A esse tipo de *démarche* o autor denomina "primado da estrutura sobre os elementos".[62]

---

58   ALTHUSSER, Louis. *Op. Cit.* p. 27.
59   Id., Ibid.
60   Id., Ibid.
61   Ibid., p. 28.
62   Id. A Corrente Subterrânea do Materialismo do Encontro. In: *Crítica Marxista*, n. 30, 2006, p. 27.

Mas não basta afirmar tal primado para que se esteja livre do idealismo, diz Althusser. É preciso antes levar em conta e apreender a forma da sua existência material, como prática reprodutiva da sociabilidade. Deve-se perceber, desse modo, que a luta de classes está "enraizada no modo de produção e, portanto, no modo de exploração de uma sociedade de classes". Tal enraizamento material encontra-se, segundo Althusser:

> em última instância, na unidade das Relações de Produção e das Forças Produtivas *sob* as Relações de Produção de um dado modo de produção, numa formação social histórica concreta. Essa materialidade é, ao mesmo tempo, a 'base' (*Basis*: Marx) da luta de classes; e, simultaneamente, é sua existência material, já que é na produção que tem lugar a exploração, é nas condições materiais da exploração que se funda o antagonismo das classes, a luta de classes. É essa verdade profunda que foi expressa pelo M. L. na conhecida Tese da luta de classes na infra-estrutura, na 'economia', na exploração de classe; e na Tese do *enraizamento de todas as formas da luta de classes na luta de classes econômica*. É sob essa condição que a tese revolucionária do primado da luta de classes é materialista.[63]

Disso decorreria que a história seja pensada como um "imenso sistema '*natural-humano*' em movimento, cujo motor é a luta de classes",[64] ou como dissemos em outro lugar, como um processo sem sujeito de designação de lugares estruturais por relações de produção específicas. Aqui é notável o esforço de Althusser em vincular uma teoria da conjuntura a uma teoria da determinação estrutural – luta de classes e reprodução das relações de produção. Tal modo de entender, por isso, tem por corolário não apenas a expulsão da problemática do "sujeito da história", mas pretende um abandono de todo "fetichismo

---

63 ALTHUSSER, Louis. *Posições 1*. Rio de Janeiro: Graal, 1978, p. 28.
64 Id., Ibid.

do homem". O que significa dizer que ao tomar as relações de exploração como ponto de partida da análise social[65] o autor afasta uma ideologia da essência humana naturalizada que em última instância é jurídica:

> as relações *sociais* não são, exceto para o direito e a ideologia *jurídica* burguesa, 'relações entre pessoas'. Todavia, é o próprio mecanismo da ilusão social que está em jogo quando se considera que uma relação social é a qualidade natural, o atributo natural de uma *substância* ou de um *sujeito*. É o caso do valor: essa relação social 'aparece', na ideologia burguesa, como a qualidade natural, o atributo natural da mercadoria ou da moeda. É o caso da luta de classes: essa relação social 'aparece', na ideologia burguesa, como a qualidade natural, o atributo natural do 'homem' (liberdade, transcendência). Nos dois casos, a relação social é 'escamoteada': a mercadoria ou o ouro passam a ter valor por natureza; o 'homem' é livre e faz história *por natureza*.[66]

Esse fetichismo responsável por impor a ideia burguesa de homem como ponto de partida da teoria é, segundo Althusser, a alma de toda a filosofia burguesa e também da Economia Política Clássica. E isso abrange, segundo o autor, tanto o conceito abstrato de Homem dos *Manuscritos de 44* quanto o homem empírico de *A Ideologia Alemã*. Desaparecendo, contudo, a noção de um sujeito da história, a questão da ação política ganharia novo fôlego teórico. Ela deixaria de ser pensada em termos de liberdade individual e de transcendência para virar problematização da ação coletiva, isto é, dos desdobramentos da conjuntura e da abertura que ela dá a seus agentes.

---

65 "...meu método analítico, que não parte do homem, mas de um dado período econômico da sociedade..." (MARX, Karl. *Randglossen zu Adolph Wagners "Lehrbuch der politischen Ökonomie"*, 1897. Notes on Adolph Wagner's "Lehrbuch der politischen Ökonomie", 1879. 1881. Disponível em: <www.marxists.org/archive/marx/works/1881/01/wagner>).
66 ALTHUSSER, Louis. *Op. Cit.* p. 29.

Tendo feito isso, Althusser propõe-se a retirar os efeitos científicos e políticos de seu confronto, de modo a esclarecer o vínculo entre essa ideologia teórica do homem, dita jurídica, e a ideologia prática que mobiliza. Para tanto, o autor levanta a seguinte questão: como é possível que no ano de 1972, diante de tudo que se vê, filósofos comunistas, dos quais J. Lewis é apenas um exemplar, defendam uma filosofia burguesa, jurídica, da liberdade pensando que defendem o marxismo?

3.3.2. A crítica do culto da personalidade e o efeito John Lewis

A resposta a esse questionamento Althusser buscará justamente na conjuntura que teria feito emergir a ideologia prática e teórica que tem como efeito a produção dessa posição teórica. Seu ponto de partida é o XX Congresso do PCUS, sessão que teria liberado os filósofos militantes dos partidos comunistas da Europa para expressarem livremente as conclusões mais diversas a que haviam chegado com suas pesquisas solitárias. Conforme Althusser, contudo, este ato teria sido também o responsável por instituir um programa comum de crítica às desventuras da prática do movimento operário que, sendo totalmente estranho à problemática teórica do marxismo, apresentaria todos os títulos de uma ideologia burguesa sobre a história. Esse programa é o da "crítica ao culto da personalidade".

Em 25 de fevereiro de 1956, último dia de reunião do referido Congresso, Nikita Khrushchev, então secretário-geral do Partido Comunista da União Soviética, leu em sessão fechada e com presença restrita, um relatório "Sobre o culto à personalidade e suas consequências". Nele, o orador visava examinar como "o culto à pessoa de Stálin", elevado ao *status* de um "super-homem, dotado de características sobrenaturais semelhantes às de um deus", "transformou-se na fonte de uma série de perversões excessivamente sérias dos princípios do Partido, da democracia do partido e da legalidade revolucionária".[67] Tudo ali gira em torno da "insolência", da "deslealdade" e dos "caprichos" de Stálin e de como desrespeitava as leis para perseguir àqueles que elegia como "inimigos do povo".

Assim, os principais equívocos que teriam desviado a União Soviética do seu projeto de futuro são apresentados como "derivados do culto à personalidade"[68] e se expressam na forma de "abertas violações à legalidade revolucionária". Esses termos repetem-se incessantemente no discurso de Khrushchev: "culto à personalidade", "culto ao indivíduo", "culto à pessoa de Stálin" e "violando assim todas as normas da legalidade revolucionária", "contra todas as normas da legalidade revolucionária", "violações da legalidade revolucionária", "descarados abusos à legalidade socialista", "minando gravemente a legalidade revolucionária", "contra a legalidade socialista", "violação criminosa da legalidade socialista" etc.

Ao avaliar os graves problemas por que passava o projeto comunista em termos de violações à lei por parte de um indivíduo, restringindo o seu desvio aos fatos ocorridos na superestrutura jurídica que aparece completamente ilhada do restante da sociedade, o PCUS teria colocado, segundo Althusser, "os filósofos comunistas e outros 'intelectuais' comunistas na 'órbita' da ideologia e da filosofia burguesas":[69]

> Em vez de relacionar 'as violações da legalidade socialista' com 1) o Estado *mais* o Partido, e 2) as relações de classe e as lutas de classe, o XX Congresso relacionou-as com 'culto da personalidade', ou seja, com um conceito do qual já disse – em *Pour Marx* – que 'não é encontrável' na teoria

---

67 KHRUSHCHEV, Nikita. *Informe Secreto al XX Congreso del PCUS*. 2006. Disponível em: <www.marxists.org/espanol/khrushchev/1956/febrero25.htm>.
68 Id., Ibid.
69 ALTHUSSER, Louis. *Op. Cit.* p. 50.

marxista e do qual pode-se dizer agora que é perfeitamente 'encontrável' em outro lugar: na filosofia e na ideologia psico-sociologista *burguesas*."[70]

Segundo caracterização de Althusser, havia 30 anos que o movimento comunista internacional estava dominado por uma prática que pode ser identificada, na falta de um termo melhor, como um "desvio stalinista". No entanto, critica, não bastaria pronunciar palavras como "culto à personalidade" ou denunciar crimes que foram cometidos não por um homem, mas por um regime, para que uma nova política surja. Seria preciso em vez disso, diz o autor, que todo o legado e os componentes dessa prática específica fossem analisados de acordo com a problemática teórica do próprio marxismo, para que mediante a identificação dos erros uma nova linha pudesse ser formulada.

Pois o "pseudoconceito" de culto à personalidade, além de não guardar relação com a problemática teórica de nenhuma ciência, afirma Althusser, não fornece qualquer elemento que permita pensar as condições, as causas, a determinação interna e as formas que induziram e que permitiriam a compreensão dos fenômenos descritos como "os crimes de Stálin". A alusão a um culto, diz Althusser, antes de ser um signo de engajamento intelectual antirreligioso, teria representado na ocasião do XX Congresso não mais do que "um certo modo *unilateral* de colocar os problemas (...) do que vulgarmente se chama de 'stalinismo'"[71] sem pô-los efetivamente em questão:

> Era um modo de buscar as causas de eventos graves e de suas formas em certos defeitos das práticas da superestrutura *jurídica*, mas sem pôr em questão o conjunto dos Aparelhos de Estado que formam a Superestrutura (o Aparelho repressivo, os Aparelhos ideológicos e, portanto,

---

70 Id., Ibid.
71 Ibid., p. 54.

o Partido), e, sobretudo, sem tocar na raiz: nas *contradições* da construção do socialismo e de sua linha, isto é, nas formas existentes das relações de produção, nas relações de classe e na luta de classes, a qual foi então declarada, segundo uma fórmula não desmentida, como já 'superada' na URSS.[72]

Assim, segundo Althusser, em vez de colocar o problema sobre as suas corretas premissas, o XX Congresso o teria encarado sob o viés de uma crítica de direita, que no limite não teria feito mais do que invocar, ecoando a mídia ocidental, os direitos humanos contra uma violação abstrata da humanidade do Homem. Longe, portanto, de oferecer um programa político e teórico hostil à ideologia burguesa e ao esquerdismo trotskista, o partido teria atuado em reforço de suas premissas teóricas. Com isso uma "onda abertamente direitista" teria ganho o fôlego de que necessitava para saquear da despensa do marxismo-leninismo em nome da ideologia do Homem e da Liberdade, suas ferramentas mais úteis e preciosas. Paradoxalmente, em meio a esta maré, os princípios da prática dita "stalinista" teriam permanecido vigentes, sem que nenhuma proposta inovadora de reabilitação do projeto comunista surgisse.

Segundo Althusser, tal "filosofia conservadora" que reivindica o título de marxismo se sustenta no par humanismo/economicismo: pois "quando as litanias humanistas ocupam, em plena luta de classes, o primeiro plano do palco teórico e ideológico, no fundo da cena é sempre o economicismo que triunfa".[73] Mas qual seria a relação a ligar de modo tão firme humanismo e economicismo a ponto de Althusser dizer que se trata de um "par orgânico e consubstancial"?[74] Inicialmente isso teria a ver com o fato de a ideologia burguesa ser, no seu

---

72 Ibid., p. 55.
73 Ibid., p. 58.
74 Id., Ibid.

cerne, economicista, uma vez que tanto os capitalistas quanto os teóricos da Economia Política enxergariam "tudo do ponto de vista das relações mercantis e do ponto de vista das condições materiais que lhe permitem explorar essa 'mercadoria' bastante particular que é a força de trabalho" e, portanto, "do ponto de vista da acumulação capitalista".[75] Seria igualmente verdade, contudo, que seus epígonos não defendem sua posição nestes termos, senão por meio de enunciados de liberdade e de liberalismo que "encontram suas bases nas categorias do *Direito* burguês e da ideologia jurídica":[76] "a liberdade da Pessoa, isto é, em princípio, a livre disposição de si, a propriedade de si, de sua vontade e de seu corpo (o proletário: Pessoa 'livre' para se vender!), bem como de seus bens (a propriedade privada: a verdadeira, que abole as outras – a dos meios de produção)".[77] Desse modo, numa primeira aproximação seria possível dizer que as categorias humanistas provenientes do direito são o veículo teoricamente visível de um imperativo econômico teoricamente invisível.

Nesse sentido, a grande filosofia burguesa, ao se mover em favor da continuidade da reprodução geral do sistema capitalista, não se prenderia explicitamente à ideologia econômica do mercado, mas à ideologia jurídica consubstanciada na prática do direito, local onde a reprodução econômica encontra sua fundamentação em princípios gerais de liberdade humana. Liberdade humana que, sendo retomada acriticamente no seio do marxismo, teria o condão não de abri-lo a novas problemáticas que proporcionem melhor compreensão da realidade social, mas de subjugá-lo ao jogo regular das ruminações filosóficas em favor da ordem capitalista ocidental.

Nesse sentido, Althusser pode afirmar que o modo de produção e exploração capitalista cria e dá sentido à ideologia

---

75 Ibid., p. 59.
76 Id., Ibid.
77 Id., Ibid.

humanista-economicista com base nos valores secretados pela própria prática jurídica: "o liame e o local preciso onde essas duas ideologias se articulam num *par*" é o próprio "*Direito burguês*, que, **ao mesmo tempo**, fornece um suporte real às relações de produção capitalistas e abastece com suas categorias a ideologia liberal e humanista, inclusive a filosofia burguesa".[78] Ou seja, seria na própria prática do direito burguês que o casal economicismo/humanismo encontraria a base sólida de seu matrimônio, uma vez que ao mesmo tempo em que constitui as relações produtivas de capital, o direito produziria uma ideologia que serve como fonte de categorias filosóficas. Isso é possível porque a ideologia prática jurídica compartilharia com a filosofia burguesa uma mesma função: a de, visibilizando os seus termos, invisibilizar as operações das relações econômicas de exploração. Pois, segundo Althusser, a função de classe desse par ideológico "é o escamoteamento daquilo que não está em questão nem no economicismo nem no humanismo, *o escamoteamento das relações de produção e*, portanto, *da luta de classes*".[79]

Mas não nos enganemos, contudo. Se Khrushchev foi o grande porta-voz do humanismo à época, não foi ele o seu criador. Precisamente aqui Althusser lança a hipótese de um ressurgimento do economicismo que caracterizou a tendência principal da II Internacional. Tal "retorno" seria explicável, segundo o autor, não por místicas características de fênix de tal ideologia, mas porque representando o momento do XX Congresso uma continuidade da mesma luta de classes na qual se envolvia a organização internacional dos trabalhadores, é bastante possível que os problemas práticos com que lidou se repetissem, ensejando a sua resolução ideológica a partir de quadrantes semelhantes. Seja como for, o que logra o autor neste pequeno ensaio

---
78 Ibid., p. 58. Tradução modificada.
79 Ibid., p. 60.

é estabelecer uma correlação entre um revisionismo ocasionado pela penetração da ideologia burguesa no seio do movimento comunista, e a produção em massa de filósofos marxistas que pensam defender o marxismo quando defendem, de fato, o seu extremo oposto: o *efeito John Lewis*.

Dito isso, poderemos retomar a questão que abriu o presente capítulo: em que residiria a especificidade do anti-humanismo marxiano segundo Althusser?

Nossa hipótese é de que a transformação na compreensão do que é filosofia para Althusser tem um efeito homólogo na sua crítica ao humanismo. Se na época em que a definia como ciência da ciência, sua posição priorizava a crítica científica aos efeitos ideológicos da concepção humanista, sendo a aquisição da causalidade estrutural a pedra de toque contra o efeito teleológico da problemática da alienação, com a perspectiva de uma filosofia como produtora de demarcações em face de ideologias práticas e teóricas, o mote tornou a produzir a fronteira entre o humanismo como ideologia e a realidade subjacente de que é sintoma. Como vimos, tal linha de raciocínio logrou não apenas identificar a fundamentação da grande filosofia burguesa na prática jurídica, ou ao menos num determinado ideal sobre tal prática, mas, com rigor, *no par humanismo/economicismo* sustentado por tal prática.

Temos, portanto, que em sua primeira aparição, o anti-humanismo teórico althusseriano antes de ir à raiz da existência prática daquela ideologia que constitui o seu alvo particular, opera prioritariamente como crítica de seus *efeitos*. Isto é, como a reconstrução da lógica causal geral marxiana,[80] capaz de eliminar genericamente o impacto pernicioso do humanismo enquanto ideologia, mas impossibilitada de ir à raiz de sua concretude e expor a necessidade de sua presença na teoria como *efeito*

---

80 "A questão das estruturas da dialética, uma questão aparentemente formal, governa então a crítica do humanismo..." (BALIBAR, Étienne. L'Objet d'Althusser. In: LAZARUS, Sylvain

teórico de uma conjuntura política, econômica, ideológica. Com o desenvolvimento da sua problematização, Althusser pôde encontrar os meios para relacionar a tomada de posição em filosofia com as ideologias práticas operantes na sociedade. No entanto, em sua primeira elaboração mais abrangente, o autor atribuiu ao humanismo do jovem Marx um caráter religioso, situando-o em sua conjuntura. Se é evidente que a ideologia do Homem presente no jovem Marx provém de uma matriz filosófica religiosa (feuerbachiana), os ulteriores desenvolvimentos dos próprios estudos althusserianos foram capazes de verificar que, em uma nova conjuntura, tal problemática se relacionaria muito mais ao assédio produzido pela ideologia jurídica sobre a filosofia, do que pelos reflexos de uma ideologia teísta.

Como pudemos ver, o alvo do autor é desde o início as bases da ideologia, cuja existência ameaça de modo persistente as aquisições da ciência da história. Se por um lado a estirpe humanista que mobiliza o empreendimento de Althusser é, desde o início, rigorosamente moderna – são sempre Kant, Fichte, a teleologia hegeliana, e, sobretudo, Feuerbach, como caudatários da ideologia burguesa, que estão na sua mira – por outro lado, só com a vinculação deste termo ao economicismo, que veio a reboque de sua atenção ao papel da ideologia jurídica na sociedade capitalista, é que o autor pôde livrar-se do fantasma da ideologia em geral. Nesse sentido, o Marx althusseriano passa a ser observado especificamente como o crítico da solidariedade inelimirável entre humanismo e economicismo, exposta "como uma consequência de sua análise da forma de circulação da mercadoria generalizada para todas as relações sociais".[81] Atacando simultaneamente esses dois pontos, o autor alemão teria conseguido afastar conjuntamente, portanto, os dualismos da antropologia (o sujeito e suas necessidades,

---

(Org.). *Politique et Philosophie dans l'Œuvre de Louis Althusser*. Paris: PUF, 1993, p. 91).
81   Ibid., p. 93.

consciência e interesses), da política (Estado e sociedade civil) e da teoria do conhecimento (sujeito e objeto). "É, de fato, com Marx que humanismo e anti-humanismo aparecem não como essências eternas, mas como posições teóricas *determinadas*".[82] Seria, portanto, por se constituir *ao mesmo tempo* como crítica do economicismo de matriz burguesa, que a crítica do humanismo em Althusser se especifica em relação às outras teorias anti-humanistas de sua época.

---

82 Id., Ibid.

4
IDEOLOGIA, DIREITO E REPRODUÇÃO SOCIAL

4.1. Um novo ponto de vista sobre o sujeito

Chegamos, à abertura deste capítulo, ao momento de alterar o ponto de vista de nossa análise sobre as relações entre direito e ideologia. Nos capítulos anteriores, estabelecemos conexões entre a teoria do conhecimento e sua analogia com a lógica do "tribunal" e da subjetividade jurídica, bem como entre o humanismo *teórico* marxista e a ideologia jurídica do Homem concebido como *Sujeito da história*. Tivemos aí ocasião de revisar com certo detalhe a visão de Althusser sobre o modo de funcionamento desta articulação no decorrer das obras marxianas de juventude até o *início do corte* localizado no ano 1845. Vimos também, quais estratégias teóricas o autor argelino utilizou não só para captar a lógica jurídica desse humanismo, mas também para afastá-la. A categoria filosófica de "processo sem sujeito nem fim" desempenhou nesse sentido um papel de síntese teórica da solução proposta pelo autor. Sua incidência impôs, em Althusser, a proscrição da noção de Sujeito da história, tida como ideológica, em ambas as suas formas tematizadas: o idealismo-essencialista do Homem e o empirismo dos indivíduos. Com isso, a dimensão teleológica contida em princípio no sistema dialético que compreendia esses conceitos pôde ser desarticulada, removendo-se a concepção finalista do processo histórico que Althusser entendia ter sido legada a Marx por Hegel. No lugar disso, o autor pôs uma problemática sem finalidade das variadas eficácias das práticas que compõem o modo de produção, criando cada uma sua própria forma de subjetivação: sujeitos na história.

Mas esta é só uma parcela do intrincado tratamento dado por Althusser à noção de sujeito. Aqui, contrariamente e em complemento ao que poderia dar a entender o que escrevemos até agora, é preciso afirmar com Gillot que "longe de tentar desqualificar o [conceito de] *sujeito*, [o autor] tentou *pensá-lo*"[1] sob uma base que permitisse esclarecer as dificuldades com as quais a sua história estaria quase que perfeitamente confundida. O novo enfoque que observaremos aqui, portanto, em que o sujeito passa a aparecer *como conceito* cuja referência concreta está ligada à sua *criação* pela ordem ideológica, deve ser lido como inscrito nessa mesma tarefa de rejeição filosófica do *Cogito*, no que a problemática althusseriana se especifica.

A ambiguidade, filosófica e científica, do estatuto teórico concedido ao termo sujeito pode ser melhor compreendida pela leitura de uma nota produzida por Althusser sobre a categoria de "processo sem sujeito nem fim(s)". Ali o autor esclarece que a "questão da constituição dos indivíduos em *sujeitos* históricos, ativos *na* história, nada tem a ver, em princípio, com a questão *do* 'Sujeito da história' ou mesmo *dos* 'sujeitos da história'",[2] uma vez que cada uma delas estaria endereçada a uma esfera diferente da prática teórica. Assim, enquanto o problema da efetiva existência de sujeitos concretos *na* história diria respeito

---

1 GILLOT, Pascale. *Althusser e a Psicanálise*. São Paulo: Ideias & Letras, 2018, p. 122.
2 ALTHUSSER, Louis. *Posições 1*. Rio de Janeiro: Graal, 1978, p. 67.

à ciência, uma noção tal qual a de um Sujeito *da* história teria natureza estritamente filosófica.

No que tange ao objeto da ciência da história é um fato, diz Althusser, que os "indivíduos humanos" são agentes de múltiplas práticas sociais no processo histórico. O caso é que, sendo agentes, tais indivíduos não poderiam ser ditos nem "livres" nem "constituintes" em sentido filosófico, estando antes submetidos às "determinações das *formas de existência* histórica das relações sociais de produção e reprodução".[3] Ocorre, entretanto, que para ser agente de uma prática seria preciso que um indivíduo fosse sujeito, i.e., se revestisse de uma forma de existência histórica específica, a forma-sujeito. Toda ação de um agente seria assim, ação de um indivíduo "sujeitado" a um campo das práticas sociais. Daí a afirmação de que todo indivíduo agindo na história é um "sujeito histórico". Contudo, objeta Althusser, a aquisição dessa forma não converte um ou mais indivíduos em sujeitos *da* história, mas apenas em agentes-sujeitos "ativos *na* história".

Já do ponto de vista filosófico – sobre o qual tratamos no capítulo anterior – a questão se inverteria. "Foi com finalidades ideológicas precisas", diz Althusser, "que a filosofia burguesa apoderou-se da noção jurídico-ideológica de *sujeito*, para dela fazer uma categoria filosófica, sua categoria filosófica n° 1"[4] na forma do Sujeito do conhecimento, do *homo oeconomicus* etc. Contudo, para uma filosofia que seja sob este aspecto materialista, tal questão seria completamente desprovida de sentido: "a filosofia marxista deve romper com a categoria idealista do 'Sujeito' como Origem, Essência e causa, *responsável* em sua *interioridade* por todas as determinações do 'Objeto' exterior",[5] uma vez que as suas categorias seriam de natureza absolutamente distinta. A questão para ele, portanto, não consistiria em rejeitar

---
3   Id., Ibid.
4   Ibid., p. 68.
5   Id., Ibid.

as aquisições da ciência da história que opera mediante o conceito de sujeito, mas "saber se a história pode ser filosoficamente pensada, em seus modos de determinação, sob a categoria idealista de *Sujeito*". A resposta obviamente negativa foi por nós analisada ao longo do capítulo precedente: "Não se pode compreender, ou seja, *pensar* a história real como capaz de ser reduzida a *uma* Origem, *uma* Essência ou *uma* Causa, que seria o seu Sujeito (...) existente sob a forma da *unidade de uma interioridade* capaz de *prestar contas* do conjunto dos 'fenômenos' da história".[6] "A história é certamente um processo sem Sujeito nem Fim(s), cujas *circunstâncias* dadas, nas quais 'os homens' agem como sujeitos sob determinação de *relações* sociais, são o produto da *luta de classes*", e, assim sendo, não tem "no sentido filosófico do termo, um Sujeito, mas um *motor*: a luta de classes".[7]

Para compreendermos essa segunda acepção do conceito de sujeito até agora inédita neste trabalho precisaremos, como dito, partir de um novo ângulo. Pois se antes mirávamos para o sujeito como categoria ideológica na ótica estrita da filosofia, agora deveremos vê-lo pela lente daquilo que aparece em Althusser como uma análise científica da história. Essa nova perspectiva cuja relação com *O Capital* Balibar teorizou preliminarmente em *Ler O Capital*[8] é o que o autor denomina em *Ideologia e Aparelhos Ideológicos de Estado* "o ponto de vista da reprodução"[9] das condições da produção capitalistas,[10] o que nos permitirá "lembrar os princípios fundamentais da teoria marxista-leninista sobre a natureza da exploração, da repressão e da ideologização capitalistas".[11]

---

6 Ibid., p. 69.
7 Ibid., p. 71.
8 BALIBAR, Étienne. Sobre os Conceitos Fundamentais do Materialismo Histórico, III. Da Reprodução. In: ALTHUSSER, Louis. *Ler O Capital II*. Rio de Janeiro: Zahar, 1980, p. 215.
9 ALTHUSSER, Louis. *Sobre a Reprodução*. Petrópolis: Vozes, 2008, p. 253.
10 Ibid., p. 71.
11 Ibid., p. 21.

O presente capítulo terá, portanto, como objeto principal o manuscrito intitulado *Sobre a Reprodução*, redigido em 1969 e publicado postumamente em francês no ano de 1995 graças ao esforço conjunto do Institut de Mémoires de l'Édition Contemporaine e da editora PUF. Este texto abandonado já em fase bastante adiantada de revisão é de onde Althusser extraiu seu famoso ensaio *Ideologia e Aparelhos Ideológicos de Estado* dado a ler no número 151 da revista *La Pensée* em junho de 1970. Conforme Motta, "a despeito de sua publicação desde os anos 1990, boa parte dos estudiosos de Althusser ainda prefere se apoiar teoricamente na versão do artigo".[12] O manuscrito, contudo, conta com dois capítulos sobre o direito em que uma série de hesitações são confessadas sob a designação de uma "ignorância provisória"[13] e que são recalcados da versão publicada,[14] além de outras partes "marcadamente políticas".[15]

4.2. O lugar da ideologia no modo de produção capitalista

Para Althusser, a ideologia e o seu funcionamento só podem ser compreendidos a partir "*do processo de movimento do capital considerado como um todo*",[16] isto é, da dinâmica de conjunto da produção das formas gerais da sociabilidade do capital. A essa perspectiva, que informaria todo o projeto de *O Capital* de Marx, Althusser denominou "ponto de vista da *reprodução*".[17] Ela toma como objeto as condições gerais (lógicas e

---

12 MOTTA, Luiz Eduardo. *A Favor de Althusser: Revolução e Ruptura na Teoria Marxista*. Rio de Janeiro: Gramma, 2014, p. 89.
13 ALTHUSSER, Louis. *Op. Cit.* p. 82.
14 "As *categorias jurídicas* (embora pressentidas no conceito de sujeito, novamente em uma nota) nesse caso não estão ausentes dela [da teoria] (pois atuam no inconsciente da teoria), mas precisamente recalcadas (no pé da página) frente à impossibilidade de as teorizar (de fazê-las funcionar)." (THÉVENIN, Nicole-Édith. O Itinerário de Althusser. In: NAVES, Márcio Bilharinho (Org.). *Presença de Althusser*. Campinas: Instituto de Filosofia e Ciências Humanas, 2010, p. 25).
15 MOTTA, Luiz Eduardo. *Op. Cit.* p. 89.
16 MARX, Karl. *O Capital*. Livro III. Tomo I. São Paulo: Nova Cultural, 1986, p. 23.
17 ALTHUSSER, Louis. *Sur la Reproduction*. Paris: PUF, 1995, p. 270.

históricas) da permanência no tempo do complexo de relações sociais capitalistas enquanto totalidade concreta. Tal horizonte seria operacionalizado pelo conceito de modo de produção capitalista como um metabolismo "histórico-natural"[18] composto de diversas práticas humanas hierarquizadas com temporalidades relativamente autônomas e que encontram seu momento de síntese na determinação em última instância pela prática econômica, i.e., pela valorização do valor.

Esse enfoque permite ao autor, além de conferir um estatuto de existência concreta e efetiva e à ideologia – banindo as concepções do ideológico como epifenômeno da base econômica e/ou processos meramente psicológicos –, também identificar o seu papel no interior do todo social do qual faz parte, auferindo seus índices de eficácia específicos. Mas para realizar essa abordagem Althusser começa por *descrever* qual a função e o "lugar" ocupado pela ideologia no esquema de *reprodução* da existência do modo de produção capitalista, para apenas depois proceder à conceituação das suas formas e conteúdos particulares.

Nesse sentido, Althusser dirá que, para perdurar no tempo, um modo de produção precisa não apenas produzir os bens materiais e espirituais necessários à manutenção da vida dos seus agentes-portadores, mas, concomitantemente a isso, *reproduzir* "as condições necessárias da produção, que justamente *não são criadas por ela*".[19] Essas condições, portanto, seriam irredutíveis aos componentes imediatos da prática econômica, incluindo o processo geral que a ele atine, e decisivamente as esferas política, jurídica e ideológica. Por isso, o ponto de vista da reprodução a que aludimos pode ser interpretado como uma perspectiva que se preocupa em identificar os componentes lógicos elementares

---

18 MARX, Karl. *O Capital*. Livro I. São Paulo: Boitempo, 2013, p. 80.
19 BALIBAR, Étienne. Sur les Concepts Fondamentaux du Matérialisme Historique. In: ALTHUSSER, Louis; BALIBAR, Étienne. *Lire Le Capital II*. Paris: François Maspero, 1969, p. 177.

do conceito de modo de produção capitalista (suas "instâncias") e os modos de sua reprodução no tempo.

A fim de realizar tal descrição topológica-funcional inicialmente exigida pela *démarche* althusseriana, pode-se tomar como ponto de partida a definição "metafórica"[20] do modo de produção como unidade entre uma base econômica e uma superestrutura "jurídica e política" proposta por Marx em sua *Contribuição à Crítica da Economia Política*:

> O resultado geral a que cheguei e que, uma vez obtido, serviu-me de guia para meus estudos, pode ser formulado, resumidamente assim: na produção social da própria existência, os homens entram em relações determinadas, necessárias, independentes de sua vontade; essas relações de produção correspondem a um grau determinado de desenvolvimento de suas forças produtivas materiais. A totalidade dessas relações de produção constitui a estrutura econômica da sociedade, a *base* real sobre a qual se eleva uma *superestrutura* jurídica e política e a qual correspondem formas sociais determinadas de consciência.[21]

Apesar do caráter unilateral e sumário dessa proposição, criticada por Althusser, será possível a partir dela localizar a *esfera de produção e circulação dos bens úteis* a que aludimos como sendo aquilo que Marx denominou base econômica – cumprindo o primeiro passo de "localização" e tipificação das práticas no interior de um conceito de modo de produção como estrutura hierarquizada. Esta "base" será, então, composta pela unidade entre forças produtivas e relações de produção, sob o primado destas.[22] As *forças produtivas* seriam formadas pelos objetos de

---

20 ALTHUSSER, Louis. *Sur la Reproduction*. Paris: PUF, 1995, p. 276; MIÉVILLE, China. *Between Equal Rights. A Marxist Theory of International Law*. Leiden: Boston Brill, 2005, p. 5; p. 89.
21 MARX, Karl. *Contribuição à Crítica da Economia Política*. São Paulo: Expressão Popular, 2008, p. 47.
22 O primado das relações de produção está indicado em Althusser já desde *Ler O Capi-*

trabalho (matérias-primas ou bens naturais), pelos meios produção ("coisa ou complexo de coisas que o trabalhador interpõe entre si e o objeto de trabalho e que lhe serve de guia de sua atividade sobre esse objeto",[23] por exemplo, ferramentas ou máquinas), e pela força de trabalho ("o complexo das capacidades físicas e mentais que existem na corporeidade, na personalidade viva de um homem e que ele põe em movimento sempre que produz valores"[24] operando ou não meios de trabalho). As *relações de produção*, por sua vez, seriam o modo específico de organização desses elementos, as modalidades particulares por meio das quais eles funcionariam conjuntamente no interior de uma formação social historicamente delimitada. A unificação dessas duas dimensões do conceito de base econômica ocorreria pelo fato de que toda força produtiva existe sempre e somente no interior de relações de produção determinadas.

No caso do modo de produção capitalista, o processo de produção de bens ocorreria predominantemente sob o domínio da classe detentora dos meios de produção, que os poria em movimento através da força de trabalho assalariada da classe dos não detentores de meios de produção. Isso seria tornado possível à medida que neste modelo produtivo o tempo de trabalho da classe dos produtores diretos é comprado no mercado como uma mercadoria por meio do *contrato de trabalho*. Assim, para que as relações de produção possam estar baseadas no *trabalho assalariado* de *trabalhadores "livres"* (isto é, que não são recrutados por meio da violência direta sobre os seus corpos) como estão no capitalismo, seria necessário que surgisse na própria esfera de circulação mercantil a figura *jurídica* do contrato e seus dois polos necessários, os sujeitos de direito, figura vista aqui como constitutiva das relações de produção.

---

tal, reaparecendo em *Sobre a Reprodução*, p. 43-44.
23   MARX, Karl. *O Capital*. Livro I. São Paulo: Boitempo, 2013, p. 242.
24   Ibid., p. 155.

Ainda, para que os agentes da troca possam chegar ao mercado – esfera da circulação mercantil – como vendedores e compradores de força de trabalho – cuja realização, o trabalho efetivo, ocorrerá na esfera da produção – estaria pressuposto um processo que se dá fora da "base" econômica. Pois, como lembra Althusser, o homem não nasce já um trabalhador, precisando sempre ser qualificado para o exercício das mais diversas funções produtivas que poderá vir a exercer, bem como educado para reconhecer o seu lugar nas relações gerais estabelecidas como modo de produção, compreender as ordens que lhe forem dadas e obedecê-las de maneira adequada.[25] Sem isso, do ponto de vista da reprodução, um homem seria apenas um corpo biológico inútil.

Esse processo de qualificação/educação ocorre, segundo Althusser, na esfera que corresponde, na metáfora marxiana do modo de produção, à superestrutura, e mais especificamente, na região por ele denominada ideologia. A família, a escola, a igreja, as universidades, são exemplos de Aparelhos Ideológicos de Estado nos quais o processo de *conformação dos agentes sociais às necessidades de reprodução geral da sociabilidade* capitalista tem lugar. Esses aparelhos são ditos "de Estado" não por pertencerem ao que o direito denominaria uma esfera "pública", "distinção do direito burguês",[26] mas por funcionarem sob a *unidade* de uma ideologia[27] que surge, como veremos adiante, nas diversas práticas sociais e que encontra sua âncora na esfera da circulação mercantil, no interior da base econômica.

---
25 ALTHUSSER, Louis. *Sobre a Reprodução*. Petrópolis: Vozes, 2008, p. 73ss.
26 Ibid., p. 106.
27 "Não é, portanto, a distinção privado/público que pode atingir nossa Tese sobre os aparelhos ideológicos de Estado. Todas as instituições privadas citadas, quer sejam propriedade do Estado ou de tal particular, *funcionam*, por bem ou por mal, enquanto peças de Aparelhos Ideológicos de Estado determinados sob a Ideologia de Estado, a serviço da política do Estado, o da classe dominante, na forma que lhes é própria: a de Aparelhos que funcionam de maneira predominante por meio da ideologia – e não por meio da repressão, como o Aparelho repressor de Estado. Essa ideologia é, como já o indiquei, a Ideologia do próprio Estado." (ALTHUSSER, Louis. *Op. Cit.* p. 107).

Seja como for, a ideologia está encravada na superestrutura da sociedade capitalista, dividindo espaço no seu interior com as funções políticas de repressão. Assim, a aparelhagem estatal capitalista é pensada por Althusser segundo o par Aparelho Repressivo de Estado/Aparelhos Ideológicos de Estado.[28] Do lado do Aparelho Repressivo de Estado será possível identificar o exército, as forças policiais, presídios, isto é, os órgãos responsáveis por conter mediante o uso da violência física, todo aquele que, não se submetendo à ordem de valorização do valor, atente contra a sua integridade e operação regular. Já os Aparelhos Ideológicos de Estado, família, escola, imprensa, entretenimento, teriam como função justamente fazer com que todo indivíduo se torne um agente funcional da produção ou que, ao menos, não aja contra a sua consecução, tornando a prática repressiva a *ultima ratio* do controle político dos corpos.[29]

A ideologia, assim, cumpriria a sua função de conversão da massa de corpos humanos em agentes produtores das relações de capital por meio dos seus diversos Aparelhos, dentre os quais destaca-se, para Althusser, o par família-escola. Na família o indivíduo obtém os primeiros ensinamentos disciplinares e de obediência e as indicações gerais dos sentidos do seu pertencimento de classe, raça, gênero e das expectativas sociais relativas a eles. Desse modo, pode "andar por si mesmo" à etapa escolar, na qual recebe um treinamento mais sistemático

---

28 Aqui Althusser propõe "desenvolver" a teoria gramsciana dos aparelhos de hegemonia. ALTHUSSER, Louis. *Sur la Reproduction*. Paris: PUF, 1995, p. 101-124.

29 Althusser propõe uma definição de Aparelho Ideológico de Estado nos seguintes termos: "Um aparelho ideológico de Estado é um sistema de instituições, organizações e práticas correspondentes, definidas. Nas instituições, organizações e práticas desse sistema é realizada toda a Ideologia de Estado ou uma parte dessa ideologia (em geral, uma combinação típica de certos elementos). A ideologia realizada em um AIE garante sua unidade de sistema 'ancorada' em funções materiais, próprias de cada AIE, que não são redutíveis a essa ideologia, mas lhe servem de 'suporte'." (ALTHUSSER, Louis. *Sur la Reproduction*. Paris: PUF, 1995, p. 109).

e intensivo no que tange à instrumentalização da linguagem e da matemática, e o conhecimento sobre o qual as diversas especialidades técnicas da produção repousarão. Além disso, aprende a concentrar-se por períodos estendidos de tempo, a calar-se e a falar no momento e do modo adequados, a obedecer quem quer que esteja investido de autoridade. As diferenças culturais e econômicas presentes nos diversos núcleos familiares e escolares fazem a clivagem entre os níveis e hierarquias funcionais e de poder na esfera da produção, restando aos menos escolarizados das escolas periféricas os cargos mais baixos, mecânicos, braçais, mal remunerados, e aos mais escolarizados das escolas mais respeitáveis as posições de liderança, criação, poder e intelecto. A cadeia dessa aparelhagem segue indefinidamente e de acordo com as características particulares de cada formação social, à universidade, jornais, revistas, de modo que um aparelho cobre as falhas do outro, bem como complementa, reforça, reestrutura, a sua efetividade.

É, assim, somente após a imersão nas práticas dos Aparelhos Ideológicos de Estado e na ideologia, que o animal humano pode apresentar-se no mercado como corpo obediente e apto ao trabalho. Esse é o primeiro sentido no qual a superestrutura é uma das condições de existência da "base" econômica capitalista. Além disso, quando a ideologia falha no seu objetivo, cabe à esfera repressiva da superestrutura controlar os agentes nocivos à ordem do valor. Esse é o seu segundo sentido. Há outros dos quais não trataremos aqui – por exemplo, a aptidão do Estado em absorver em seu bojo reivindicações contraditórias das classes em luta, atenuando o impacto dos seus choques. Resta, contudo, ainda um, que só poderemos abordar à medida que o modo de exposição descritivo da tópica seja abandonado. Antes disso, contudo, será o caso de situarmos o "lugar" do direito nessa mesma tópica.

4.3. O aparelho jurídico como aparelho ideológico de Estado

A estrita correlação entre a captura ideológica dos indivíduos e a necessidade da repressão mencionadas acima impõe a Althusser a necessidade de encarar o momento jurídico como um ponto decisivo da socialização. Uma das dimensões desse tratamento se dá pela tematização e localização funcional do aparelho jurídico na tópica do modo produção. Cuidando da ambiguidade ideológico-repressiva do direito, Althusser avança no seguinte raciocínio: "quem diz sanção diz repressão e, portanto, necessariamente *aparelho de repressão*. Esse aparelho existe no *Aparelho repressor de Estado* no sentido estrito da expressão (...). É por esse motivo que o direito *faz corpo com o Estado*".[30] Com isso, estabelece uma conexão entre a prática judicial e a aparelhagem repressiva. Contudo, nos diz Althusser, a sanção tende a dar conta, do ponto de vista da reprodução social, apenas de uma minoria dos casos regulados pela legalidade jurídica, uma vez que só incide quando da sua violação. Para ser estável, por outro lado, uma formação social precisa que as funções elementares reconhecidas pela sua legislação "funcionem sozinhas", sem necessidade da efetivação da sanção.

Nesse sentido, se o "medo do policial" exerce um papel imprescindível à estruturação da legalidade ao qual se pode atribuir em certa medida a efetividade da lei, seria simplista e redutor dizer que é por causa dele que os contratos são cumpridos. Quando um "homem de bem" assina um contrato, diz Althusser, nem lhe passa pela cabeça a possibilidade de ser perseguido pelo poder coator do Estado, uma vez que a "boa consciência moral" faz com que cumpra com seus deveres jurídicos mais ou menos em dia. Esta conscienciosidade o autor denomina *ideologia jurídica* em cuja apresentação concreta encontra-se comumente mesclado um suplemento de ideologia moral:

---

30 ALTHUSSER, Louis. *Sobre a Reprodução*. Petrópolis: Vozes, 2008, p. 91.

Althusser e o direito | 167

> Se a imensa maioria das pessoas jurídicas respeitam as cláusulas dos contratos que subscreveram, é, com efeito, sem a intervenção nem tampouco a ameaça preventiva do Aparelho repressor de Estado especializado: é porque elas estão 'impregnadas' pela '*honestidade*' da *ideologia jurídica* que se inscreve em seu comportamento de respeito pelo Direito e permite propriamente ao Direito 'funcionar', isto é, à prática jurídica 'agir sozinha', sem a ajuda da repressão ou da ameaça.[31]

Em face disto e retomando a informação de que todo aparelho de Estado funciona por meio da combinação entre repressão e ideologia Althusser considera o direito, ou mais rigorosamente, "o *sistema real* que essa denominação designa, dissimulando-a, já que faz abstração da mesma, a saber: os Códigos + a ideologia jurídico-moral + a polícia + os tribunais e seus magistrados + as prisões, etc."[32] sob o conceito de "*Aparelho ideológico de Estado*", meio material dessa ideologia.

E daí partem duas questões dicotômicas que estão no cerne da discussão deste tópico. A primeira, que se dá em absoluta continuidade com o raciocínio que localiza o direito na superestrutura refere-se a ele como um Aparelho ideológico de Estado "que exerce uma função absolutamente específica nas formações sociais capitalistas" fazendo parte "não das relações de produção, cujo funcionamento é regulado por ele, mas do Aparelho de Estado".[33] E a segunda, que na sua aparente contiguidade traz um desdobramento em certa medida anômalo à problemática ora em operação. A função específica e dominante do direito, diz agora Althusser, não é a de reprodução das *condições* de funcionamento das relações produtivas capitalistas, embora também o faça de modo subordinado, mas o de "*assegurar diretamente o funcionamento das relações de produção capitalistas*".[34] Isto é dizer que,

---
31 Ibid., p. 92-93.
32 Ibid., p. 192.
33 Id., Ibid.
34 Id., Ibid.

diferentemente de outros aparelhos ideológicos como as televisões e jornais, por exemplo, o direito em sua função de inculcação ideológica não apenas serve como mantenedor da dominação de classe pelo seu efeito de estabilização social e de aceitação da exploração, mas como garantidor de relações específicas da base econômica que são elas próprias relações de produção – igualdade e liberdade entre os agentes da circulação econômica. Nesse sentido o autor pode afirmar que o "Aparelho ideológico de Estado jurídico", "é o *aparelho específico que articula a superestrutura a partir da e na infraestrutura*".[35]

Essas duas definições se apresentam de pronto como contraditórias. Enquanto (1) articula a superestrutura *a partir e na* infraestrutura, o direito (2) *não faz parte* das relações de produção. Estando adstrito à superestrutura liga-se às relações de produção à medida que *garante* funções determinadas da sua reprodução, mas a sua função ao mesmo tempo teria que ver com a peculiaridade de sua capacidade de articulação entre a superestrutura de que faz parte e a base que é o *seu próprio* lado de fora. Aqui, a nosso ver, mais do que um enigma a ser descoberto, residiria uma oscilação decisiva e, para usar a terminologia althusseriana, *sintomática*. Talvez o grande índice dessa variação esteja no fato de que no texto de todos os comentadores do tema um *ou* outro desses pontos de vista seja dominante. Assim, poderíamos classificar a interpretação deste tópico em duas vertentes: uma de *tendência* "superestruturalista" e outra de tendência "infraestruturalista". Na primeira, representada, por exemplo, por Sutter[36] ou Montag, a dimensão da legalidade ganha um peso maior na definição do jurídico e o próprio tema do fim do direito é tratado, em alusão à problemática da eternidade da ideologia, como absurdo. Já na segunda, mais explícita

---

35 Id., Ibid.
36 MONTAG, Warren. The Threat of the Outside. In: SUTTER, Laurent de (Org). *Althusser and Law*. Nova Iorque: Routledge, 2013.

em Estop[37] e Demichel,[38] o direito enquanto relação jurídica estaria *encravado* nas relações de produção, e a pista deixada por Althusser referente à erupção daí para a superestrutura é levada a produzir seus máximos efeitos. No balanço da querela, a primeira vertente parece dispor de um número incontestavelmente superior de referências textuais explícitas, o que a torna robusta do ponto de vista filológico. Contudo, a segunda interpretação, que conecta Althusser a Pachukanis – e invariavelmente o faz declinando a filiação – nos parece dispor do maior mérito uma vez que percebe na obra do autor argelino uma problemática subterrânea e tem a coragem de se instalar no seu interior para encontrar na lógica profunda dos lapsos do texto a possibilidade de uma leitura herética e inovadora. Assim, o direito fixaria sua gênese na base do modo de produção, desdobrando-se secundariamente em aparelhagem superestrutural.

No rastro dessa disjunção, é preciso fazer constar que ela remonta a uma definição preliminar. Althusser demonstra clareza teórica ao observar a necessidade de implosão do esquema tópico do modo de produção, uma vez que só mediante esta operação seria possível situar adequadamente o direito e a função que ocupa não só na composição da "superestrutura", mas principalmente na *constituição* das relações de produção. Pois se por uma parte é imprescindível "localizar" o funcionamento de cada instância e as suas determinações específicas, por outro essa circunscrição generalizante tal qual a encontramos em *Ideologia e Aparelhos Ideológicos de Estado* cria "pontos de estrangulamento"[39] e impede que se perceba que a ideologia jurídica está assentada na própria prática da circulação. Ao não *realizar* essa destruição, a não ser de maneira vaga a oscilante – os termos base e superestrutura

---

37 ESTOP, Juan Domingo Sánchez. Althusser's Paradoxical Legal Exceptionalism. In: SUTTER, Laurent de (Org). *Althusser and Law*. Nova Iorque: Routledge, 2013.
38 DEMICHEL, Francine. Althusser et le Droit. In: LAZARUS, Sylvain (Org.). *Politique et Philosophie dans l'Œuvre de Louis Althusser*. Paris: PUF, 1993.
39 THÉVENIN, Nicole-Édith. *Op. Cit.* p. 24.

não desaparecem nunca do texto, mesmo muito depois de sua *superação* ter sido declarada –, Althusser fica alijado da base[40] da teoria dos aparelhos ideológicos de Estado, como veremos adiante, que só se expressa em momentos muito específicos. Isso faz com que, de um lado seja capaz de empreender uma crítica aguda ao socialismo jurídico por meio da conexão entre a necessidade das relações jurídicas e as relações de produção capitalistas, mas por outro continue reduzindo o direito a um aparelho ideológico de Estado, localizado na superestrutura do modo de produção. Nesse sentido, uma leitura consequente do texto do autor nos imporia completar essa tarefa, forçando o sintoma a falar.

E é aqui precisamente que intervém sua descoberta do direito. O direito pensado não nos/pelos filósofos no interior da filosofia, mas o direito tal como ele se dá alhures como região autônoma, o direito em sua função e seu funcionamento concreto de todos os dias, tal como um jurista poderia lê-lo na jurisprudência e nos manuais de direito, e tal como um jurista, com efeito, o leria como marxista e filósofo. Pode-se, então, compreender o que pôde representar a publicação de um livro como *Le droit saisi par la photographie*, (...). Vimos o conceito de direito se constituir 'em categoria ideológica/jurídica tendo uma 'história' própria e estruturando verdadeiramente todo o discurso da ideologia (em todos os seus níveis)', e a recuperação de um conceito fundamental, o conceito de 'Forma sujeito de direito' e de 'Forma-sujeito'. É certo então que a 'forma-sujeito', que se encontra também em *Réponse à John Lewis*, só pode ser compreendida *sob* a 'Forma sujeito de direito'. Desse modo todos os 'sujeitos' em ação nas ideologias da ideologia dominante são apenas formas diversas de um mesmo sujeito, o sujeito jurídico. Que a ideologia jurídica assim apareça como a 'base' da ideologia burguesa, como afirma *Éléments d'autocritique*, é o que *Le droit sais par la photographie* nos permite, não apenas compreender,

---

40 Ibid., p. 25.

mas também teorizar a partir de seu 'terreno comum', a *circulação*, isto é 'o terreno comum do valor de troca e de suas determinações', ele próprio regulado pelo direito.[41]

A partir dessas indicações somos capazes de perceber que, se no momento de redação de seus manuscritos *Sobre a Reprodução* Althusser demonstra-se muito fixado a um esquema rígido de demarcação entre base e superestrutura, fazendo, por vezes, com que o direito caiba integralmente no interior desta, já era possível encontrar ali a tensão de outra problemática, que comandava o próprio esquema da análise da ideologia que estudaremos a seguir, e que se dava a ler nas entrelinhas do seu trabalho. Se Nicole-Édith Thevenin estiver certa, esta segunda problemática poderá vencer o cabo de guerra à medida que o trabalho de Bernard Edelman de resgate do debate jurídico soviético[42] chegue ao conhecimento de Althusser, que adotaria suas conclusões.

Se isso é correto, tal avanço poderia significar um modo de recolocar não só os temas do jurídico, mas o próprio debate sobre o Estado e sobre a superação da metáfora tópica. Pois conforme Mascaro, a própria noção de instância como aparece na teorização que acabamos de expor tem ainda estatuto *descritivo*. Isso fica claro quando nos diz que tal conceito encontra limites para "operar distinções pela estrutura ou pela função de instituições reunidas", fazendo-o comparativamente a partir de manifestações fenomênicas e, por isso, acaba "quase sempre soma[ndo] regiões cujas formas sociais e instituições são distintas entre si".[43]

---

41   Ibid., p. 25-26.
42   É curioso notar que se em 1969 Althusser não conhecia profundamente as obras do debate jurídico soviético, já tinha notícia de seus rumos e "contratempos", cf. "Parece que, na tradição da erudição e da pesquisa teórica marxista, particularmente na URSS após 1917 e até o 'desaparecimento' dos especialistas, alguns dos quais eram notáveis, considerando os problemas que tinham o mérito de colocar, tenha sido abundantemente discutida a questão de saber se o Direito fazia parte da superestrutura ou não estaria antes 'do lado das relações de produção'. Trata-se de uma questão absolutamente pertinente." (ALTHUSSER, Louis. *Sobre a Reprodução*, p. 187).
43   MASCARO, Alysson Leandro. *Estado e Forma Política*. São Paulo: Boitempo, 2013, p. 38.

Mas para que seja possível entender corretamente o deslocamento de problemática implicado nessa operação será preciso estudar o movimento por meio do qual o conceito de sujeito liga-se ao de ideologia.

4.4. A legalidade ou "*um sistema de regras* codificadas" e o lado de fora do direito

Antes disso, entretanto, seria conveniente abordar o modo como Althusser pensa a especificidade da prática propriamente jurídica e judiciária, e os vínculos que elas estabelecem com seu "lado de fora" – as relações jurídicas encravadas nas relações de produção. A primeira aparição mais ou menos sistemática da questão em *Sobre a Reprodução* tem lugar no "Capítulo V - O direito" em que este é identificado a partir de um ponto de vista "somente descritivo" com o que os estudos jurídicos marxistas vieram designar como legalidade:[44] "Trata-se de *um sistema de regras* codificadas (cf. Código Civil, código de Direito penal, de Direito Público, de Direito comercial etc.) que são *aplicadas*, isto é, respeitadas e contornadas na prática cotidiana"[45] dos homens e dos tribunais.

A influência kelseniana aí esboçada cresce no tópico seguinte. O autor parte da concepção de que o direito privado "contido no código civil" é constituinte da "base jurídica da qual os outros setores do Direito tentam sistematizar e harmonizar suas próprias noções e suas próprias regras".[46] A descrição da legalidade – referida pelo autor até aqui sempre como "o direito" (*le droit*) – segue-se pela enunciação de suas "três características que devem ser levadas em consideração",[47] que se misturam com seus próprios *princípios de interpretação*. São elas: a sistematicidade, a formalidade e a repressividade.

---

44 Cf. MASCARO, Alysson Leandro. *Crítica da Legalidade e do Direito Brasileiro*. São Paulo: Quartier Latin, 2008.
45 ALTHUSSER, Louis. *Op. Cit.* p. 83.
46 Id., Ibid.
47 Id., Ibid.

Sistematicidade – Quanto ao primeiro dos três aspectos, a *sistematicidade*, Althusser diz que ela é responsável por garantir a "não contradição" e a "saturação" na aplicação do "direito" pelo aparelho estatal. Isso quer dizer, no que tange à não contradição, que a legalidade como sistema de regras deve ser interpretada a partir de um princípio de coerência, o que veda que uma regra seja invocada contra outra, garantindo uma aplicação sólida e segura das prescrições jurídicas, o que criaria um ambiente de "racionalidade" ao funcionamento do aparato judiciário. Assim, cada regra adquiriria seu sentido próprio em relação com o todo do ordenamento de que faz parte, de modo que o esforço de interpretá-la tenderia sempre à sua harmonização,[48] legitimando o afazer do jurista como estritamente técnico. Já o caráter saturado da legalidade, explica o autor, refere-se à sua tendência de "abranger todos os casos possíveis apresentados na 'realidade', de maneira a evitar ser surpreendida por um 'déficit' jurídico de fato", o que poderia acarretar que eventos extrajurídicos penetrassem o sistema minando-o. Nesse sentido, o aparelho jurídico de Estado poderia funcionar como instância geral de absorção dos conflitos emergentes de todas as práticas sociais. A afirmação de Kelsen de que tudo o que não está proibido pela ordem jurídica, está negativamente regulado como permitido[49] e que por isso seria errôneo falar em lacunas no ordenamento é uma expressão bastante indicativa deste princípio. Para Althusser, contudo, tal caracter da legalidade capitalista teria como significado ideológico a negação da existência de um

---

48 Cf. KELSEN, Hans. *Teoria Pura do Direito*. São Paulo: Martins Fontes, 1998, tópicos "*e) A unidade lógica da ordem jurídica; conflitos de normas*": "Como, porém, o conhecimento do Direito – como todo conhecimento – procura apreender o seu objeto como um todo de sentido e descrevê-lo em proposições isentas de contradição, ele parte do pressuposto de que os conflitos de normas no material normativo que lhe é dado – ou melhor, proposto – podem e devem necessariamente ser resolvidos pela via da interpretação", p. 144; e "*j) Conflito entre normas de diferentes escalões*": "uma 'norma contrária às normas' é uma contradição em termos", p. 186.
49 Ibid., p. 171.

lado de fora da lei[50], associado às decisões de casos-limite e a algo mais, como veremos.

Formalidade – Em segundo lugar, o tema da *formalidade*, em que Althusser identifica o mecanismo de expulsão da "ameaça do lado de fora",[51] que dá coerência ao funcionamento do aparelho jurídico burguês. Diz, portanto, do "direito" que é formal porque incide "não sobre o *conteúdo* do que é trocado pelas pessoas jurídicas nos contratos de compra-venda, mas sobre a *forma* desses contratos de troca": "atos (formais) das pessoas jurídicas formalmente livres e iguais perante o Direito",[52] funcionando como uma abstração do conteúdo real das relações sociais. Essa formalidade, em muitos casos criticada de modo pueril sob julgamentos morais como um "formalismo" – por exemplo, "é preciso pensar em outro fundamento ético-político para a legalidade, edificar um novo paradigma teórico-crítico do Direito" – é na visão de Althusser uma característica imprescindível da legalidade jurídica, cuja existência restrita ao modo de produção capitalista a conectaria subterraneamente a conteúdos que estão necessariamente ausentes do seu próprio interior, quais sejam, as relações de produção:

> O direito reconhece a todos os homens, sujeitos jurídicos iguais, o direito de propriedade [aqui a universalidade do direito aparece como correlata à universalidade do mercado

---

[50] "A própria atividade de sistematização deve ser, então, compreendida não só como redução das contradições possíveis entre as regras do Direito existentes, mas também e sobretudo como redução das *contradições* possíveis entre as regras já definidas no sistema interno do Direito e as práticas-limite parajurídicas da jurisprudência, cujo caráter próprio é reconhecer os 'casos' que o Direito ainda não integrou e sistematizou verdadeiramente. Sob esse aspecto, a jurisprudência deve ser, evidentemente, vinculada a esse *exterior do Direito* cuja existência sob a forma do que se chama, diferentemente Direito *escrito* (todo sistema de regras jurídicas dá lugar a uma consignação escrita), de Direito dito '*dos costumes*', é reconhecida pela história do Direito. Mas deixemos esse ponto que só nos interessa enquanto indica, do ponto de vista da segurança do próprio Direito, a existência de um *exterior do Direito*, mais ou menos ameaçador." (ALTHUSSER, Louis. *Op. Cit.* p. 84).
[51] MONTAG, Warren. *Op. Cit.* p. 15.
[52] ALTHUSSER, Louis. *Op. Cit.* p. 85.

capitalista]. Mas nenhum artigo reconhece o fato de que alguns sujeitos (os capitalistas) sejam proprietários dos meios de produção, e outros (os proletários) desprovidos de qualquer meio de produção. Esse conteúdo (as relações de produção) está, portanto, ausente do Direito que, ao mesmo tempo, o *garante*.[53]

Diz, portanto, que a singularidade do "direito" é não existir "*a não ser em função de um conteúdo do qual faz em si mesmo totalmente abstração*",[54] sendo a forma de um conteúdo que encontra-se sempre fora de si: as relações capitalistas de produção e exploração. E é neste ponto que o autor insere o que considera a questão capital da diferenciação – e da confusão – entre as relações de produção e a propriedade jurídica dos meios de produção. Assim denuncia o que entende como uma impostura do socialismo jurídico contida na *identificação da propriedade coletiva pelo "direito socialista" soviético com relações ditas socialistas de produção*: "se nos limitarmos a essa definição puramente jurídica do modo de produção socialista, correremos o risco de gravíssimas decepções – a experiência está aí para prová-lo".[55]

Repressividade – Por fim, a terceira característica da legalidade jurídica a mover a lógica própria de funcionamento do aparelho jurídico: a *repressividade*. Aqui, o conceito de sanção[56] que funciona como uma das pedras de toque da concepção kelseniana é trazido à luz sob uma série de referências elogiosas a Kant. O "direito" é "necessariamente repressivo porque esta é a única maneira de ele ganhar sua eficácia"[57] de modo que ele "não poderia existir sem um sistema correlativo de sanções": "não existe Código Civil possível sem um Código Penal que

---

53 Id., Ibid.
54 Id., Ibid.
55 Ibid., p. 86.
56 KELSEN, Hans. *Op. Cit.* p. 76.
57 LEWIS, William. Althusser on Laws Natural and Juridical. In: SUTTER, Laurent de (Org). *Althusser and Law*. Nova Iorque: Routledge, 2013, p. 41.

é sua realização no próprio nível do Direito".[58] Isso porque, o contrato jurídico que é para o autor a base de todo o "direito" só adquire significado, como em Kelsen, mediante o seu cumprimento ou a possibilidade de fazê-lo cumprir. Assim, o direito funcionaria, na sua função elementar, como instância racionalizadora da repressão social em defesa do funcionamento regular das relações sociais de produção. A sanção como ato de repressão diante do descumprimento da legalidade funcionaria aí – agora em oposição ao autor austríaco – como a garantia das condições de funcionamento da subjetividade jurídica e, assim, da normalidade da circulação mercantil e da ordem produtiva burguesa.

Em face disso podemos notar, graças à leitura atenta de Warren Montag,[59] que a relação estabelecida por Althusser com a obra de Kelsen, se é próxima, é também bastante ambígua. Por um lado, os temas gerais da caracterização althusseriana da legalidade jurídica são retomados diretamente do sistema teórico do autor austríaco. Enquanto por outro lado há um deslocamento dessa própria problemática à medida que toma corpo um ataque ao seu método a partir da denúncia do efeito ideológico produzido por ele. Ao estabelecer, pois, que as relações jurídicas são anteriores e fundadas num lado de fora absoluto em relação ao direito, operando nas relações de produção independentemente do reconhecimento legal que se faz dela, Althusser feriria mortalmente a teoria kelseniana. Pois este Outro "ideológico" que a pureza do método de Kelsen visaria eliminar seria justamente o centro pulsional da fundação da própria legalidade. A proposição por este autor de uma variante de autogênese da legalidade, portanto, não apenas encobriria a exploração necessariamente associada ao direito capitalista – fazendo com que seu esquema possa ser aplicado indistintamente a qualquer modo de produção – mas funcionaria antes como um mecanismo de

---

58 ALTHUSSER, Louis. *Op. Cit.* p. 90.
59 MONTAG, Warren. *Op. Cit.*

defesa contra aquilo que Montag chamou de uma "ameaça do lado de fora que não cessa de emergir"[60] como substrato da sua existência. Aqui, portanto, Althusser denunciaria a correlação necessária entre as relações de produção capitalistas e o direito enquanto legalidade, uma vez que esta só poderia funcionar a partir do modelo de racionalidade fornecida pelo contrato mercantil generalizado.

Para escapar da ancoragem da legalidade jurídica nas relações jurídicas – o que aniquilaria o seu intuito de pureza, já que seria aqui necessário uma infiltração de "valores capitalistas"[61] –, Kelsen abstrairia a realidade dos sujeitos que são a base material das relações jurídicas tomando-os apenas na dimensão da sua personalidade jurídica criada pela/interna à lei:

> A pessoa física ou jurídica que 'tem' – como sua portadora – deveres jurídicos e direitos subjetivos é estes deveres e direitos subjetivos, é um complexo de deveres jurídicos e direitos subjetivos cuja unidade é figurativamente expressa no conceito de pessoa. A pessoa é tão-somente a personificação desta unidade.[62]

Se, de um lado, portanto, o autor se recusa a aceitar a soberania mercantil do sujeito de direito atacando-a como uma ideologia, de outro e mediante o mesmo movimento, ao rejeitá-la como um resíduo impuro, interdita a possibilidade de compreensão de que o próprio funcionamento do direito está fundado numa prática ideológica que encontra significado pleno apenas em conexão com as relações de produção de que faz parte:

> Mas as impurezas 'ideológicas' que Kelsen espera eliminar da doutrina do direito, a *Rechtslehre*, são para Althusser suas propriedades, ou talvez até mesmo o seu fundamento.

---

60 Ibid., p. 30.
61 KELSEN, Warren. *Op. Cit.* p. VIII.
62 Ibid., p. 121, grifo meu.

O direito nas sociedades capitalistas é regido em primeiro lugar por um imperativo de sistematicidade (a primeira das três características que ele identifica), um imperativo que envolve uma representação coerente e não-contraditória das leis e decisões que resultam da sua aplicação, mas de maneira mais importante, a saturação de todo o campo ao qual o direito se aplica, isto é, a existência social na sua totalidade. Este imperativo apresenta uma iniciativa preventiva contra a imprevisibilidade do caso concreto que pode apresentar características que excedem o alcance da presente lei codificada e exigem a sua extensão. Mas, mais fundamentalmente, a sistematicidade é uma reação defensiva 'à existência de um lado de fora da lei {*d'un dehors du loi*} mais ou menos ameaçador', que não é qualquer lado de fora, indiferente ou acidental, mas *o seu* lado de fora, o lado de fora que lhe é próprio e que a jurisprudência, não importa o quão habilidosa ou astuta, não pode eliminar, porque o direito em sua aplicação, isto é, em sua existência prática, produz este lado de fora absoluto como seu resultado.[63]

No mesmo sentido, também indicado por Montag, pode-se estabelecer na senda mais abrangente de Estop, uma relação disso com a obra de Carl Schmitt. Na sua tentativa de livrar o direito da *neutralização* imposta pela concepção kelseniana, Schmitt teria se voltado ao problema da universalidade impossível da legalidade – isto é, da necessidade do seu lado de fora. Procedendo assim, o autor alemão encontraria na decisão sobre o caso-limite a emergência deste Outro, que estaria dentro, mas ao mesmo tempo *excederia* as fronteiras da legalidade.[64] Entretanto, enquanto Schmitt fundaria a pulsão desta exceção criadora que é a base de existência da própria legalidade num

---

63 MONTAG, Warren. *Op. Cit.* p. 27.
64 SCHMITT, Carl. Teologia Política. In: SCHMITT, Carl. *A Crise da Democracia Parlamentar.* São Paulo: Scritta, 1996, p. 87.

princípio de soberania remetido à superestrutura política,⁶⁵ Althusser buscaria na base das relações de produção e exploração o sentido da sua existência. Se em ambos os autores a legalidade não encontra – como encontraria em Kelsen – no seu próprio interior todos os elementos de que precisa para existir, a inclusão por Schmitt deste "lado de fora obsceno" na figura de um ditador deixaria ainda encoberta a questão da natureza estrutural dessa fundação.⁶⁶ Althusser por sua vez, não apenas reconheceria que "o direito é uma das condições de existência do mercado capitalista"⁶⁷ e que "o capitalismo não poderia existir sem direito",⁶⁸ mas inclusive pensaria as condições da sobredeterminação a conectar a existência superestrutural da legalidade com o núcleo das relações de produção. Por isso, para prosseguir na análise do jurídico em Althusser, será necessário avançarmos para o problema das relações jurídicas e da ideologia jurídica na constituição das relações de produção capitalistas, qualificando a correlação estabelecida pela legalidade e pelo aparelho jurídicos com o seu "lado de fora".

---

65 "Apesar de sua insistência na decisão soberana, Schmitt não reconhece qualquer tipo de 'determinação em última instância' ao antagonismo fora da 'superestrutura'. O antagonismo certamente alcança o domínio econômico supostamente neutralizado, mas nunca está enraizado nele enquanto tal, já que, para haver um antagonismo econômico real e não uma mera competição econômica, seria necessário um ato de política externa de um Estado, como uma guerra comercial de bloqueio. Isto significa que, em Schmitt, cada instância pode ser subordinada ao domínio de outra, que se torna conjunturalmente dominante, mas não há nenhuma determinação última, não há nenhum lado de fora 'material' da interação das superestruturas. A decisão política parece capaz de desempenhar este papel, mas ela não pode porque não está – e nem pode estar – enraizada em um lado de fora. A política em si não é externa ao direito e, em última análise, depende de uma escolha teológico-política. Em outras palavras, não existe 'lado de fora' para as instâncias superestruturais e sua interação fechada." (ESTOP, Juan Domingo Sánchez. Althusser's Paradoxical Legal Exceptionalism as a Materialist Critique of Schmitt's Decisionism. In: SUTTER, Laurent de (Org). *Althusser and Law*. Nova Iorque: Routledge, 2013, p. 75-76).
66 ESTOP, Juan Domingo Sánchez. *Op. Cit.* p. 74.
67 Id., Ibid.
68 Id., Ibid.

4.5. A ideologia em geral e a ideologia jurídica

Antes de tematizar o direito, vínhamos descrevendo o pertencimento do campo ideológico à esfera metaforicamente denominada por Marx como "superestrutura". Além disso, estabelecemos o seu caráter de condição de existência da base econômica capitalista, à medida que tem entre as suas funções transformar os indivíduos humanos em trabalhadores qualificados e obedientes. Esse movimento, como dito, permitiu a Althusser afastar certa leitura economicista que vê a "superestrutura" como mero reflexo da "base", e estabelecer entre esses dois campos uma relação de "sobredeterminação".[69] Pontuamos também a existência de *divisões no interior da própria superestrutura capitalista* ao diferenciarmos a aparelhagem estatal repressiva da ideológica, situando a legalidade jurídica e o aparelho jurídico do lado desta. Isso salienta o fato de que mesmo "dentro" da própria "superestrutura" as relações de determinação são assimétricas, embora onipresentes, na medida do grau de autonomia relativa conquistada por cada uma das práticas em cada momento histórico. Por fim, fomos capazes de *"localizar" funcionalmente as práticas ideológicas e jurídicas*, estabelecendo, mesmo que breve e parcialmente – uma vez que só abordamos os nexos mais importantes para o tratamento do nosso tema –, a sua conexão com as práticas econômicas (relações de produção) e políticas (aparelhos repressivos).

No entanto, esse esquema que nos foi útil até aqui, começará a apresentar graves limitações se tentarmos retirar dele

---

69 Althusser insere o conceito de sobredeterminação para designar o esquema de causalidade estrutural em operação no materialismo histórico: "Ao *constituírem* essa *unidade* [as diferenças de temporalidade que constituem as instâncias do modo de produção], *reconstituem* e realizam, com efeito, essa unidade fundamental que as anima, mas, fazendo-o, indicam também a sua *natureza*: que a 'contradição' é inseparável da estrutura do corpo social total no qual ela se exerce, inseparável de suas *condições* formais de existência, e das *instâncias* mesmas que governa, que ela própria é, portanto, no seu correção, *afetada por elas*, determinante, mas também determinada em um único e mesmo movimento, e determinada pelos diversos *níveis* e pelas diversas *instâncias* da formação social que ela anima: poderíamos dizer *sobredeterminada em seu princípio*." (ALTHUSSER, Louis. *Pour Marx*. Paris: François Maspero, 1965, p. 99-100).

mais explicações do que pode dar, conforme apontado nos tópicos acima. Por isso, é hora de, retendo as lições já adquiridas, abandonarmos o plano da descrição e das alusões tópicas e avançarmos rumo à construção e determinação conceitual do nosso objeto concreto.

4.5.1. A ideologia como reflexo e o inconsciente

O projeto teórico de Marx e Engels em *A Ideologia Alemã* está todo fundado na proposição de que as ilusões da filosofia idealista não seriam apenas elaborações equivocadas, mas a expressão necessária das condições *materiais* da sua produção, resultado das ações do homem no mundo. Desse modo, eles mesmos caracterizam o seu empreendimento pelo imperativo "não de explicar a práxis partindo da ideia, mas de explicar as formações ideais a partir da práxis material e chegar, com isso, ao resultado de que todas as formas e produtos da consciência não podem ser dissolvidos por obra de crítica espiritual (...), mas apenas pela demolição prática das relações sociais reais de onde provêm".[70]

Embora tal enunciado esteja correto em seu princípio, o modo como é desenvolvido revela-se problemático, segundo Althusser. A associação entre as ilusões do pensamento e a complexificação da divisão do trabalho estabelecida pelos autores evidenciaria um caráter no mínimo ambíguo quanto à natureza do vínculo entre consciência e práxis, sem mencionar o esquema causal expressivo aí em jogo. As metáforas escolhidas para *aludirem* a essa relação sugeririam, por sua vez, uma concepção de ideologia como reflexo *especular*, *direto* das práticas econômicas dos indivíduos: o processo físico de "inversão dos objetos na retina", a noção de "reflexos ideológicos", ou de "ecos do processo de vida". Essas indicações sobre "a conexão entre a estrutura social e política e a produção" encontram

---

70 MARX, Karl; ENGELS, Friedrich. *A Ideologia Alemã*. São Paulo: Boitempo, 2007, p. 43.

formulações correspondentes ao nível propriamente teórico nas afirmações de que "a produção de ideias... está... *imediatamente* entrelaçada com a atividade material"; "O representar... aparece... como *emanação direta* do... comportamento material"; "as formulações nebulosas na cabeça dos homens são *sublimações necessárias* de seu processo de vida material".[71] Mas há ainda algo a mais na ordem geral de estruturação do texto. Quando uma afirmação parece desmentir essa especularidade vê-se seguida de uma espécie de suplementação, de segunda justificação, que revela uma intuição e resolução antecipada do conflito instaurado por um abalo da lógica geral. Isso pode ser observado no trecho em que os autores afirmam que uma vez realizada a divisão entre "trabalho material e trabalho espiritual", "a consciência *pode* realmente imaginar ser outra coisa diferente da consciência da práxis existente, representar algo realmente sem representar algo real",[72] para em seguida imporem o anticlímax de que "isto só pode se dar porque as relações sociais existentes estão em contradição com as forças de produção existentes"[73] – restabelecendo a relação de "eco", mesmo que em outro lugar.

Althusser não ignora que haja propostas engenhosas de interpretação que tentam neutralizar essa tendência, sobretudo aquelas que enfatizam o papel de formulação dos intelectuais ditos "ideólogos ativos" nas passagens sobre a formação da ideologia dominante, ou as que tentam transformar o texto numa construção geral esperando para ser preenchido de mediações. No entanto, não se pode negar a efetividade do discurso do "reflexo" na conformação das mais variadas vertentes de leitura. Fica estabelecido assim, na visão de Althusser, o primeiro problema com que teria que lidar uma teoria da ideologia herdeira dos clássicos do marxismo.

---

71 Ibid., p. 94, grifos meus.
72 Ibid., p. 35.
73 Ibid., p. 36.

Um outro tema controverso proposto pela problemática de *A Ideologia Alemã* é a questão da identidade entre ideologia e consciência. Tal concepção aparece de modo difuso ao longo de toda a primeira parte do texto, tornando-se particularmente expressa a) na ideia de uma conexão direta entre a representação surgida da prática social cotidiana e a filosofia mais abstrata – não incidindo uma distinção conceitual efetiva entre aquilo que é da ordem da teorização e aquilo que é a imaginação mais imediata dos indivíduos sobre as suas condições de vida; b) quando indicam, sem mais, em diversas passagens, a correspondência das ideologias particulares concretas e abstratas ("a moral, a religião, a metafísica") a "formas de consciência".[74]

Procurando avançar nisso, Althusser realiza uma aproximação entre o materialismo histórico e a psicanálise e na sua investigação sobre o *conceito* de inconsciente. Cumpre notar com Barbosa Filho, que essa "articulação" se diferiria das posições que compreendem tanto a ideologia como o inconsciente como "realidades fenomenológicas ou ontológicas", assim como do "freudo-marxismo dos anos 20 e 30" ou da "teoria crítica", que encontrariam sua raiz comum na "suposição basilar" de que "há algo como uma *irracionalidade* da classe operária frente ao funcionamento objetivo das relações sociais bem como uma certa *indistinção* entre inconsciente e ideologia".[75] Ainda segundo o autor, ao contrário de propor uma fusão ("integrar") entre inconsciente e ideologia, o que Althusser faz é estabelecer uma analogia entre essas duas "estruturas".[76; 77]

---

74 Ibid., p. 94.
75 BARBOSA FILHO, Fábio Ramos. *Althusser, Pêcheux e as Estruturas do Desconhecimento*. VI SEAD - Seminário de Estudos de Análise do Discurso. Comunicação proferida em 18 out. 2013, p. 3.
76 BARBOSA FILHO, Fábio Ramos. *Althusser, Pêcheux e as estruturas do desconhecimento*. VI SEAD - Seminário de Estudos de Análise do Discurso. Comunicação proferida em 18 out. 2013, p. 4.
77 Para uma análise detalhada das transformações da relação estabelecida entre materialismo histórico e psicanálise na obra de Althusser ver EVANGELISTA, Walter José. Althusser

De todo modo, esse procedimento permite que Althusser enfrente o que considera o duplo desafio legado pelas teorizações fundadoras do marxismo, mencionado acima. Seu primeiro movimento é o de atenuar a importância da consciência definindo a ideologia como uma estrutura de representações que engloba imagens, conceitos, "objetos culturais percebidos--aceitos-suportados, e que agem funcionalmente sobre os homens por um processo que lhes escapa".[78] A ideologia, diz o autor, "é profundamente *inconsciente*", impondo-se à "imensa maioria dos homens, sem passar pela sua 'consciência'",[79] mas como a própria experiência que eles têm do mundo. "Os homens 'vivem' a sua ideologia", "*vivem* as suas ações, comumente relacionas pela tradição clássica à liberdade e à 'consciência', na ideologia, *através e pela ideologia*", não "*como uma forma de consciência, mas como um objeto do seu 'mundo'* – como o seu *'mundo'* mesmo". É nesse sentido que o autor pode dizer que "a ideologia é uma *'representação' da relação imaginária* dos indivíduos com suas condições reais de existência".[80]

Cumpre destacar, contudo, que afirmar que a ideologia é inconsciente não equivale a dizer que ela nada tem a ver com a esfera da consciência, mas mais precisamente que a relação representada na ideologia "não parece '*consciente*', a não ser na condição de ser '*inconsciente*'", ou seja, que ela "consiste numa elaboração sujeita a condições inconscientes que permite aos indivíduos e aos grupos imaginar a sua prática".[81] Tal articulação,

---

e a Psicanálise. In: ALTHUSSER, Louis. *Freud e Lacan. Marx e Freud*. Rio de Janeiro: Graal, 1991. Para um panorama interpretativo ver GILLOT, Pascale. *Althusser e a Psicanálise*. São Paulo: Ideias & Letras, 2018.
78 ALTHUSSER, Louis. *Pour Marx*. Paris: François Maspero, 1965, p. 240.
79 Id., Ibid.
80 ALTHUSSER, Louis. *Sur la Reproduction*. Paris: PUF, 1995, p. 296. Grifei para destacar o ponto exato em que reside a inconsciência ideológica nesta definição.
81 SAMPEDRO, Francisco. A teoria da Ideologia em Althusser. In: NAVES, Márcio Bilharinho (Org.). *Presença de Althusser*. Campinas: Instituto de Filosofia e Ciências Humanas/ Unicamp, 2010, p. 41.

em certa medida enigmática, serve para pôr em questão o cruzamento entre as determinações causais da estrutura social geral e a causalidade do inconsciente, dando sustentação à proposição de uma autonomia relativa da esfera psíquica em contraste ao que seria um esquema de registro especular consciente em funcionamento em *A Ideologia Alemã*.

Aqui a problemática freudiana de *A Interpretação dos Sonhos* é reivindicada por Althusser através de uma alusão crítica à teoria da ideologia como um sonho composto por "resíduos diurnos".[82] Nesse sentido a hipótese do inconsciente como núcleo definidor da vida psíquica dos indivíduos avançada por Freud através de uma "generalização da teoria do sonho"[83] viria servir ao autor argelino como instrumento de interrupção da redução do psíquico à consciência e da consciência a um reflexo invertido do real. Essa *analogia* se sustentaria à medida que neste caso Freud e Marx compartilhariam do mesmo alvo de crítica, a ideologia humanista, expressa aqui sob a forma da psicologia clássica, biologicista.[84]

Tal vertente, diz Gillot, reduz o sonho "a um fenômeno de origem fisiológica, referindo-se a uma etiologia somática, ou, no melhor dos casos, a um resíduo caótico da vida diurna, da ordem da ilusão e do *non-sens*",[85] o que produziria uma "equivalência estrita, de ordem conceitual, entre a consciência e a vida psíquica", fazendo do consciente "o caráter indispensável do psíquico".[86] Contra isso, prossegue a autora, Freud desenvolve uma teoria que explica a incoerência do sonho a partir

---

82 ALTHUSSER, Louis. *Sur la Reproduction*. Paris: PUF, 1995, p. 294.
83 GILLOT, Pascale. *Op. Cit.* p. 81.
84 Sobre a relação entre a redução do homem às suas determinações biológicas e o capitalismo ver BADIOU, Alain. O Século. Aparecida: Ideias & Letras, 2007, p. 249-268. Para um panorama geral sobre a relação entre o animal humano e o humanismo ver MORAES, João Quartim de. O Humanismo e o Homo Sapiens. In: *Crítica Marxista*, n. 21, 2005, p. 28-51. Sobre "o humano" como projeto biopolítico do capital e a impossibilidade de remontar à sua origem biológica ver VICENZI, Glenda. Os Direitos Humanos como Interdição da Política. In: *Discenso*, n. 4, 2012, p. 161-176.
85 GILLOT, Pascale. *Op. Cit.* p. 82.
86 Ibid., p. 84.

de uma causalidade complexa (uma causalidade estrutural) em que as instâncias do consciente e do pré-consciente operariam censurando o inconsciente, que precisaria produzir, a partir de uma lógica totalmente inacessível ao "pensamento de vigília", "rodeios" para manifestar-se:

> a 'transvaloração total de todos os valores psíquicos' entre os pensamentos do sonho e o próprio conteúdo do sonho, não designam na atividade onírica uma ausência de causalidade, um simples *non-sens*: a ignorância do princípio de contradição, a intemporalidade, os mecanismos de deslocamento e de condensação, desenham, no caso, uma lógica particular e uma *causalidade propriamente psíquica*, que são as do inconsciente. A concepção psicanalítica do sonho implica então uma revisão considerável da própria noção de causalidade psíquica articulada à hipótese do inconsciente e dos processos primários que o governam. A causalidade psíquica doravante postulada não é mais identificável àquela da vida em vigília, cujas características, contrárias àquelas do processo primário e advindas do sistema pré-consciente-consciente, são a 'capacidade de comunicação entre os conteúdos das representações', a 'ordenação temporal' desses conteúdos, a 'introdução da censura ou de várias censuras', e o 'princípio de realidade'.[87]

Essa descoberta, de que "as mais complexas realizações do pensamento são possíveis sem a assistência da consciência",[88] é suficiente aqui para justificar o propósito althusseriano, tornando fútil uma análise mais detalhada do trabalho do sonho. O que se deve destacar na apropriação de Althusser desta problemática é além do seu enfoque crítico ao mecanicismo e à filosofia da consciência, a possibilidade de estabelecer uma causalidade própria do funcionamento psíquico da ideologia.

---

87 Id., Ibid.
88 FREUD. *A Interpretação dos Sonhos*. Volume V. Rio de Janeiro: Imago, p. 139.

Erige-se, portanto, uma teoria da determinação psíquica da vida ideológica dos sujeitos.

Por outro lado, não devemos imaginar que esse tipo de solução signifique um abandono do tema da ideologia pelo materialismo histórico em favor da problemática psicanalítica, reduzindo-o às suas determinações subjetivas. Nesse sentido, é necessário fazer novamente incidir junto às determinações da estrutura social pelo imaginário, as determinações do imaginário pela estrutura social. Aqui, a imaginação viria sobredeterminar a relação dos homens com o seu mundo, produzindo um todo: "A ideologia é, então, a expressão da relação dos homens com o seu 'mundo', isto é, a unidade (sobredeterminada) da sua relação real e da sua relação imaginária com as suas condições de existência reais".[89] Portanto, dirá Gillot, "a ideologia... não é simplesmente uma representação – invertida – da vida real, mas uma 'representação de representação'", ou como disse o próprio autor em outra formulação: "A ideologia é uma 'representação' da relação imaginária dos indivíduos com suas condições reais de existência".[90] E é justamente nesse caráter imaginário que radicaria a sua distorção.

Isso significa que o sujeito é o ponto de encontro de uma dupla determinação, pelo inconsciente e pelas relações materiais que organizam sua prática. Mas essa dupla determinação estaria submetida em última instância à articulação social produzida pela unidade das relações econômicas e, portanto, pela valorização do valor, sendo imprescindível que a ciência da história estabeleça, para uma correta análise desses mecanismos inconscientes, o "conhecimento da estrutura geral onde se geram esses efeitos"[91] ideológicos. Resta, assim, reafirmado, o princípio

---

89   ALTHUSSER, Louis. *Pour Marx*. Paris: François Maspero, 1965, p. 240.
90   Id. *Sur la Reproduction*. Paris: PUF, 1995, p. 296.
91   SAMPEDRO, Francisco. A Teoria da Ideologia em Althusser. In: NAVES, Márcio Bilharinho (Org.). *Presença de Althusser*. Campinas: Instituto de Filosofia e Ciências Humanas/Unicamp, 2010, p. 44.

marxiano da determinação da esfera ideológica pelos processos materiais da vida humana, criando-se novos componentes de mediação que afastam a tese da especularidade da consciência, ampliando a capacidade da teoria de produzir determinações no seu objeto, e deslizando os seus conceitos para a composição de uma nova problemática geral.

4.5.2. A materialidade da ideologia e a interpelação

Emergimos, portanto, desse *détour* pela teorização althusseriana sobre os fundamentos da autonomia relativa do aparelho psíquico em relação às práticas da base econômica munidos de novos conceitos, dentre os quais poderia ser destacado o de "inconsciente" como o mais vital. Isso nos permitiria compreender como a consciência humana pode ser determinada pelas práticas materiais sem ficarmos reféns da tese da especularidade dessa representação. Agora, no entanto, é chegado o momento de avaliarmos de que modo pode-se definir essas práticas materiais, quais suas determinações, de que maneira elas moldam o inconsciente e a que se refere o próprio conceito de materialidade nelas envolvido.

Uma das afirmações-chave que conectam Althusser ao projeto marxiano de uma teoria da ideologia é a de que "a ideologia tem uma existência material".[92] Esse princípio fundador é reforçado pela longa cadeia de um materialismo do imaginário que poderia remontar até um Lucrécio,[93] mas que encontra uma guarida mais próxima em autores como Espinosa e Pascal. Estabelecido esse princípio, toda dificuldade a ser enfrentada estaria em desvendar o estatuto dessa materialidade e o seu modo de expressão prática. Althusser avança nessa explicação

---

92 ALTHUSSER, Louis. *Sur la Reproduction*. Paris: PUF, 1995, p. 218.
93 Para um panorama dessa "unidade" entre autores tão diversos ver SAINZ PEZONAGA, Aurelio. *Lucrecio y el Materialismo de lo Imaginario*. In: LOGOS. Anales del Seminario de Metafísica, vol. 46, 2013, p. 167-181.

pela proposição do conceito de Aparelhos Ideológicos de Estado e pela afirmação de que "uma ideologia existe sempre em um aparelho e em sua prática ou práticas".[94] Tal princípio geral de funcionamento daria conta de superar um dos impasses fundamentais daquilo que Althusser denomina uma "concepção ideológica da ideologia": a inversão da relação causal entre prática e consciência. Tomando o exemplo da ideologia religiosa o autor aborda a representação que o senso comum faz da ligação entre o fiel e a igreja nos seguintes termos. Há um indivíduo consciente que livremente reconhece a partir da sua reflexão as ideias em que acredita, no caso deus, e por conta disso se engaja nas práticas rituais oferecidas pela instituição religiosa aos seus clientes. Desse modo, o sujeito participa dos rituais e práticas da igreja enquanto aparelho ideológico, ajoelha-se, reza etc., realizando materialmente, tornando ato, aquilo que antes era uma ideia que habitava o seu cérebro.

Dessa representação *distorcida* já podemos retirar um primeiro índice da materialidade da ideologia. Se é aceitável em alguns círculos que alguém se diga, por exemplo, católico sem participar constantemente de missas, não se o consideraria como tal se *agisse* de modo a atentar contra os rituais prescritos por essa doutrina. Assim, pode-se ver que há entre a ideia e a ação um nexo inextrincável. Se um sujeito diz uma coisa e faz outra, crê-se imediatamente que ele não *pensa* aquilo que diz, isto é, que as suas ideias não condizem com aquilo que verbaliza, uma vez que elas *precisam refletir-se* nas suas ações. Se *fez* outra coisa é porque *pensa* outra coisa. O homem age de acordo com as ideias que tem dentro de si, nos diria uma reflexão do senso comum ao referendar sua torta noção de uma materialidade da ideologia.

---

94 ALTHUSSER, Louis. *Sur la Reproduction*. Paris: PUF, 1995, p. 219.

Para escapar desse modelo e propor a tese da materialidade da ideologia sobre o seu justo fundamento Althusser refere-se àquilo que chama, talvez com um acento irônico, de "a dialética defensiva de Pascal". Essa estratégia consistiria em "inverter a ordem do esquema nocional da ideologia da ideologia"[95] e trocar o vetor das suas determinações, o que implicaria não só um deslizamento dos conceitos, mas mesmo uma transformação geral da problemática: "Ponha-se de joelhos, mexa os lábios como se estivesse rezando e *acreditará*".

Aqui, a materialidade da ideologia nutre-se não apenas da unidade entre o pensar e o agir, mas de um *primado deste*. Assim, as diversas ordens de materialidade do "neoaristotelismo"[96] althusseriano começariam por aquela mais elementar de que a ideologia existe em primeiro lugar dentro de um aparelho com existência física, "fora" dos sujeitos. Esse aparelho funcionaria, então, orquestrando um conjunto de rituais, que são diques, ordenações e instituição de práticas que tomam o indivíduo, dando-lhe as suas "ideias", i.e., a sua representação do mundo. Desse modo, antes de existirem "dentro" da cabeça do indivíduo – antes de serem metabolizadas pelo seu aparelho psíquico e acederem à consciência – as "ideias" existem materialmente "fora" deles, nas instituições, rituais e práticas socialmente programadas dos aparelhos.

Essa inversão tem como consequência banir a noção de uma vida espiritual das ideias, reenviando-as aos "atos das práticas regulamentadas pelos rituais definidos, em última

---

95 ALTHUSSER, Louis. *Sur la Reproduction*. Paris: PUF, 1995, p. 221.
96 "É claro, a existência material da ideologia em um aparelho e em suas práticas não possui a mesma modalidade de existência material de um paralelepípedo ou de um fuzil. Mas, correndo o risco de sermos tratados como neoaristotélicos (assinalemos que Marx tinha uma grande estima por Aristóteles), diremos que 'a matéria se exprime de vários modos', ou antes, existe sob diferentes modalidades, sendo que todas têm suas raízes, em última instância, na matéria 'física'." (ALTHUSSER, Louis. *Sur la Reproduction*. Paris: PUF, 1995, p. 219).

instância, por um aparelho ideológico".⁹⁷ Desse modo, os conceitos de sujeito, consciência, crença e atos encontram a ordem dos seus movimentos nas determinações operadas pelos conceitos de prática, ritual, aparelho. Portanto, a tese da materialidade da ideologia não trata apenas de uma mudança na hierarquia conceitual do real, mas de uma transformação dos próprios conceitos que ordenam a sua problemática teórica – com o desaparecimento da noção idealista de "ideia" e uma tematização original do seu arranjo geral, que acompanha o surgimento de novas mediações, pensadas no interior de uma cadeia de causalidade estrutural: "a ideologia existente em um aparelho ideológico material que prescreve práticas materiais reguladas por um ritual material, as quais existem nos atos materiais de um sujeito que age com plena consciência, segundo sua crença!".⁹⁸

Mas, para Althusser, a materialidade que começa nos aparelhos ideológicos continua na *forma exterior* da subjetividade, que é o que faz com que os sujeitos continuem operando os rituais apreendidos e reproduzidos pelos aparelhos ideológicos mesmo quando, a rigor, não se encontrem fisicamente no seu interior. É para conceituar a subjetividade como uma *forma social* de mediação das relações ideológicas que Althusser propõe a diferenciação entre "a categoria de sujeito" e "os sujeitos concretos" contida na seguinte afirmação: "toda ideologia existe pelo sujeito e para os sujeitos".⁹⁹ Assim, enquanto a definição de "sujeitos concretos" (no plural) quer designar a extrema diversidade e a singularidade irredutível dos sujeitos realmente existentes (as idiossincrasias dos seus desejos individuais), "o sujeito" (no singular) "pelo qual" a ideologia existe alude à forma geral e equalizada assumida pelos sujeitos como

---

97   Ibid., p. 222.
98   Id., Ibid.
99   Ibid., p. 223.

portadores/suporte[100] de relações sociais capitalistas, neste caso, ideológicas.

A ideologia, diz, portanto, Althusser, funciona através da categoria de sujeito constituindo sujeitos concretos. Esse processo seria análogo ao de criação de outras formas sociais, como a mercadoria: todo produto do trabalho humano posto em circulação no mercado capitalista assume a *forma exterior* de uma mercadoria, independentemente dos seus atributos e conteúdo, do mesmo modo que todo indivíduo "posto em circulação" na ideologia capitalista assumiria a *forma exterior* de sujeito, independentemente das particularidades da sua vida material concreta. A forma-sujeito é, portanto, um ponto de cristalização decisivo da existência material da ideologia.

Essa condição – a subjetividade – seria vivida psiquicamente pelo sujeito como algo natural, inconteste: como aquilo que há de mais propriamente "meu" no interior do meu próprio "eu". Ninguém se questiona a respeito disto: será que eu sou mesmo eu? Será que sou mesmo responsável pelas minhas ações? Será que escolho o que escolho? Será que quero o que quero? Impor o "evidente" como "evidente" – o que é evidente não é passível de dúvida – seria, portanto, o efeito ideológico elementar: "o caráter próprio da ideologia é impor (sem que se dê por isso, uma vez que se trata de 'evidências') as evidências como evidências, que não podemos deixar de *reconhecer* e diante das quais temos a inevitável reação de exclamar: 'é evidente! é isso mesmo! é mesmo verdade!'".[101]

---

100   Marx utiliza a palavra *Träger* com essa acepção, por exemplo, nos seguintes trechos: "Mas aqui só se trata de pessoas na medida em que elas constituem a personificação de categorias econômicas, as *portadoras* de determinadas relações e interesses de classes. Meu ponto de vista, que apreende o desenvolvimento da formação econômica da sociedade como um processo histórico-natural, pode menos do qualquer outro responsabilizar o indivíduo por relações das quais ele continua a ser socialmente uma criatura, por mais que, subjetivamente, ele possa se colocar acima delas"; "as máscaras econômicas das pessoas não passam de personificações das relações econômicas, como *suporte* das quais elas se defrontam umas com as outras." (MARX, Karl. *O Capital*. Livro I. São Paulo: Boitempo, 2013, p. 80; p. 160 respectivamente).
101   ALTHUSSER, Louis. *Sur la Reproduction*. Paris: PUF, 1995, p. 224, grifo meu.

Assim, na própria constituição da subjetividade podemos identificar a primeira função da ideologia, a função de *reconhecimento* (que é sinônimo de identificação de algo como evidente). É no reconhecimento que os rituais materiais da ideologia do sujeito se baseiam, do mesmo modo que são os rituais que garantem que o sujeito reconhece o evidente como evidente. Os sujeitos estão o tempo todo praticando rituais de reconhecimento. Se reconheço a existência de deus, dada pelo aparelho ideológico religioso, ou se reconheço o imperativo moral de respeitar a religião alheia, dada pelo aparelho ideológico familiar ou escolar, tiro o chapéu ao entrar na igreja. Todos esses são rituais de reconhecimento ideológico prescritos por aparelhos praticados por sujeitos como garantia de que os reconhecem e que, portanto, são sujeitos. Assim, não importa qual aparelho prescreve qual ritual, importando apenas que o nexo entre reconhecimento e ritual, entre o processo psíquico e o ato seja o de uma reação "natural", representada como *escolha* de uma atitude de acordo com crenças conscientes internas do sujeito.

Pudemos até aqui *reconhecer* que funcionamos cotidianamente por meio de rituais de reconhecimento prescritos pela aparelhagem ideológica. Agora, é hora de tentar *conhecer* – instaurar um discurso científico sobre – o mecanismo desse reconhecimento. Tal mecanismo é indicado pelo conceito de *interpelação*. Numa primeira tentativa de explicá-lo Althusser dirá que "*toda ideologia interpela os indivíduos concretos como/ enquanto* [en] *sujeitos concretos* por meio do funcionamento da categoria de sujeito".[102] Ou seja, que a ideologia "recruta" os indivíduos, transformando-os em sujeitos – i.e., que ela investe os corpos biológicos dos indivíduos concretos com uma forma, uma segunda natureza – por meio do mecanismo de

---

[102] Ibid., p. 225.

interpelação. Isso significa que o processo de subjetivação é um processo social, mesmo que se possa ler em outro local que "o homem é um animal ideológico".[103] Althusser caracteriza o mecanismo de interpelação metaforicamente a partir de uma encenação. Um transeunte passa. Trata-se de um indivíduo. Alguém *o* chama: "ei, você". O indivíduo vira-se "acreditando-suspeitando-sabendo" que é com ele que estão falando: "estão falando comigo". Pronto! Já é um sujeito. "Mas", diz Althusser eliminando a metáfora, "na realidade, as coisas passam-se *sem qualquer sucessão*. A existência da ideologia e a interpelação dos indivíduos como sujeitos acabam sendo uma só e mesma coisa".[104] O autor formula, então, o mecanismo em seus termos teóricos: "a ideologia interpelou sempre--já os indivíduos como sujeitos, o que equivale a indicar com precisão que os indivíduos são sempre-já interpelados pela ideologia como sujeitos, o que nos leva, inexoravelmente, a uma última proposição: *os indivíduos são sempre-já sujeitos*".[105] Tudo isso parece muito complicado, "paradoxal", diz Althusser, mas é algo mesmo muito simples. Antes de haver qualquer indivíduo, quando o filhote humano está no útero da sua mãe, já existe toda uma aparelhagem ideológica, com seus rituais e prescrições à sua espera. Guardam expectativas relativas ao seu lugar de classe, à sua sexualidade (menino *ou* menina) e aos papéis de gênero que ela impõe, à cor da sua pele (branco, preto, amarelo, albino) e aos seus significados sociais. Assim, quando nasce, o "antigo futuro-sujeito" dá-se com uma imensa carga ideológica segundo a qual será adestrado e com os rituais que *estruturarão* o seu desejo inconsciente, a sua consciência e os seus modos de reconhecimento e representação da realidade. O mecanismo da subjetivação funciona, portanto, como um processo de

---

103 Ibid., p. 303.
104 Ibid., p. 306.
105 Ibid., p. 227-228.

reconhecimento e identificação dos sujeitos à ordem material ideológica que encarnarão.

Para dar conta das fórmulas da interpelação[106] expostas por Althusser, Rastko Mocnik propõe pensá-la como a articulação de dois movimentos, que expõe em sua ordem lógica: a) a subjetivação propriamente dita; b) a identificação/reconhecimento. Para o autor, a subjetivação propriamente dita seria um "mecanismo *simbólico* puramente *formal*",[107] referente à submissão do indivíduo à ordem da linguagem que, como propôs Lacan, é de natureza inconsciente ("É toda a estrutura da linguagem que a experiência psicanalítica descobre no inconsciente")[108] e tem a aparência de uma neutralidade política. Já o mecanismo de reconhecimento criaria uma "relação imaginária referente a 'conteúdos' ideológicos".[109] Com isso o autor pode reorganizar o sentido da proposição de que "a ideologia interpela os indivíduos como/enquanto [*en*] sujeitos":[110] "A interpelação ideológica 'funciona' estabelecendo a relação [imaginária] de identificação; mas o seu sucesso depende da sua capacidade de ativar o mecanismo [simbólico] de subjetivação".[111] É dizer, o reconhecimento de uma ideologia, de determinados valores sociais como evidentes só é possível mediante uma captura prévia do plano simbólico.[112]

---

106   Como "toda ideologia interpela os indivíduos concretos como sujeitos concretos", "a existência da ideologia e a interpelação dos indivíduos como sujeitos acabam sendo uma só e mesma coisa", "a ideologia interpelou sempre-já os indivíduos como sujeitos", todas citadas anteriormente.
107   MOCNIK, Rastko. Ideology and Fantasy. In: KAPLAN, Ann; SPRINKER, Michael. *The Althusserian Legacy*. Londres: Verso, 1993, p. 140, grifos meus.
108   LACAN, Jacques. *Écrits*. Paris: Seuil, 1966, p. 495.
109   MOCNIK, Rastko. Ideology and fantasy. In: KAPLAN, Ann; SPRINKER, Michael. *The Althusserian Legacy*. Londres: Verso, 1993, p. 140.
110   ALTHUSSER, Louis. *Sur la Reproduction*. Paris: PUF, 1995, p. 225.
111   MOCNIK, Rastko. Ideology and Fantasy. In: KAPLAN, Ann; SPRINKER, Michael. *The Althusserian Legacy*. Londres: Verso, 1993, p. 140.
112   Para uma descrição detalhada do processo, remetemos à integra do artigo de Mocnik.

4.5.3. A eternidade da ideologia e a especificidade da categoria de sujeito

A exposição feita no tópico anterior nos permite compreender, mesmo que superficialmente, as *formas sociais* que organizam o funcionamento da ideologia. Definida como "'representação' da relação imaginária dos indivíduos com suas próprias condições reais de existência"[113] ela se exerce a partir de uma interpelação, que significa *ao mesmo tempo* a submissão do indivíduo à linguagem e a sua identificação com um conjunto de crenças materializadas em aparelhos ideológicos. Atua, portanto, numa espécie de umbral, de onde "humaniza" os homens, retirando-os da pura existência biológica para inseri-los na cultura.

Assim conceituada, a ideologia seria uma parte necessária de qualquer sociedade humana, i.e., um componente lógico do conceito do modo de produção. É com base nisso que Althusser pode reelaborar a máxima marxiana de que "a ideologia não tem história".[114] Pois, se antes ela queria indicar a redução dessa estrutura social a epifenômeno das práticas econômicas, agora vem configurar a sua oni-historicidade. A ideologia é, deste modo, "eterna (...), não transcendente a qualquer história (temporal), mas onipresente, trans-histórica, portanto, imutável em sua forma em toda a extensão da história".[115] Isso quer dizer que a ideologia tem uma *estrutura e um funcionamento* tais "que estão presentes, sob uma mesma forma, imutável, no que se chama a história inteira".[116] Essa forma é descrita por Althusser até aqui, como vimos, como uma *interpelação subjetivante*.

O que gostaríamos de demonstrar é que, *do ponto de vista do materialismo histórico*, o conceito de sujeito é mal-empregado

---
113 ALTHUSSER, Louis. *Sur la Reproduction*. Paris: PUF, 1995, p. 296.
114 Ibid., p. 293.
115 Ibid., p. 295.
116 Id., Ibid.

nesse contexto, tanto pelo Althusser de *Ideologia e Aparelhos Ideológicos de Estado* quanto por Mocnik quando o situa no centro do dispositivo de submissão à linguagem. Nossa hipótese, a que o próprio Althusser também chegou na década de 1970,[117] conforme Motta enfatiza,[118] é de que o conceito de sujeito se aplica somente à interpelação ideológica específica das sociedades capitalistas. Assim, o mecanismo da interpelação em geral poderia ser melhor descrito como uma *submissão* à linguagem e uma *identificação* imaginária com um conjunto de crenças materiais que lhe indica o seu lugar no sistema da divisão social do trabalho. Essa *humanização*, contudo, não seria uma subjetivação, à medida que a categoria de sujeito só poderia ser encontrada quando avaliamos o conteúdo específico da identificação imaginária dos indivíduos no capitalismo.[119] Neste ponto chegamos ao tema da ideologia jurídica como "base de toda a ideologia burguesa".[120]

Para compreendermos isso é preciso retornar à questão do "lado de fora" da legalidade e do aparato judiciário, o que nos levaria a retomar a conceituação de Marx do direito como forma histórica determinada. Em *O Capital* pode-se ler que:

---

117 Ver ALTHUSSER, Louis. *Posições 1*. Rio de Janeiro: Graal, 1978; E os comentários em THÉVENIN, Nicole-Édith. O Itinerário de Althusser. In: NAVES, Márcio Bilharinho (Org.). *Presença de Althusser*. Campinas: Instituto de Filosofia e Ciências Humanas, 2010; THÉVENIN, Nicole-Édith. Sur Réponse à John Lewis ou les Yeux et la Mémoire. In: *Révisionnisme et Philosophie de l'Aliénation*. Paris: Christian Bourgois, 1977.
118 MOTTA, Luiz Eduardo. *A Favor de Althusser: Revolução e Ruptura na Teoria Marxista*. Rio de Janeiro: Gramma, 2014, p. 89.
119 Não teria Althusser enfrentado essa dificuldade resolvendo-a de modo precipitado quando escreve: "Pretendemos dizer com isso que a categoria de sujeito (que pode funcionar sob outras denominações: por exemplo, em Platão, a alma, Deus etc.) – embora não apareça sob essa denominação antes do advento da ideologia burguesa, sobretudo do advento da ideologia jurídica (a qual adota a categoria jurídica de 'sujeito de direito' para transformá-la em uma noção ideológica: o homem é, por natureza, um sujeito) – é a categoria constitutiva de toda ideologia, seja qual for a determinação (relativa a um domínio específico ou de classe) e seja qual for o momento histórico – já que a ideologia não tem história?". (ALTHUSSER, Louis. *Sur la Reproduction*. Paris: PUF, 1995, p. 223).
120 NAVES, Márcio Bilharinho. *A Questão do Direito em Marx*. São Paulo: Outras Expressões/Dobra Universitária, 2014, p. 89.

As mercadorias não podem ir por si mesmas ao mercado e trocar-se umas pelas outras. Temos, portanto, de nos voltar para seus guardiões, os possuidores de mercadorias. Elas são coisas (...). Para relacionar essas coisas umas com as outras como mercadorias, seus guardiões têm de estabelecer relações uns com os outros como pessoas cuja vontade reside nessas coisas e que agir de modo tal que um só pode se apropriar da mercadoria alheia e alienar a sua própria mercadoria em concordância com a vontade do outro, portanto, por meio de um ato de vontade comum a ambos. Eles têm, portanto, de se reconhecer mutuamente como proprietários privados. Essa relação jurídica, cuja forma é o contrato, seja ela legalmente desenvolvida ou não, é uma relação volitiva, na qual se reflete a relação econômica. O conteúdo dessa relação jurídica ou volitiva é dado pela própria relação econômica. Aqui, as pessoas existem umas para as outras apenas como representantes da mercadoria e, por conseguinte, como possuidoras de mercadorias. Na sequência de nosso desenvolvimento, veremos que as máscaras econômicas das pessoas não passam de personificações das relações econômicas, como suporte das quais elas se defrontam umas com as outras.[121]

Aí estão contidos os rudimentos de uma definição da *relação jurídica* e da sua posição no interior da estrutura social. O sistema de circulação mercantil – isto é, aquele no qual os bens úteis são trocados como mercadorias, que são a base material da relação de equivalência entre valores – supõe a existência de agentes trocadores formalmente livres e iguais para comprarem e venderem artigos de sua propriedade. É por isso que Marx pode dizer que "a esfera da circulação ou da troca de mercadorias" é "um verdadeiro Éden dos direitos inatos do homem".[122] Reino da liberdade "pois os compradores e vendedores de uma mercadoria (...) são movidos apenas por seu livre-arbítrio".

---
121 MARX, Karl. *O Capital*. Livro I. São Paulo: Boitempo, 2013, p. 159-160.
122 Ibid., p. 250.

Reino da igualdade, "pois eles se relacionam um com o outro apenas como possuidores de mercadorias e trocam equivalente por equivalente". Reino da propriedade, pois "cada um dispõe apenas do que é seu". Afinal, "contratam como pessoas livres, dotadas dos mesmos direitos", resultando daí um contrato, no qual "suas vontades recebem uma expressão legal comum a ambas as partes".[123] A esse portador/guardião de mercadorias, Pachukanis atribui o conceito de sujeito de direito.

Mas existe uma diferença entre a constituição *ad hoc* de condições de liberdade e igualdade caso a caso na troca mercantil e a existência dessas relações de forma abstrata, i.e., que todo indivíduo seja sempre já, antes mesmo que se dê conta, um sujeito de direito. Essa distinção reside justamente na determinação que a esfera da produção exerce sobre a esfera da circulação mercantil. É apenas quando a compra e venda de força de trabalho se generaliza como relação produtiva dominante e todos os desdobramentos qualitativos dessa realidade se materializam que a subjetividade jurídica pode tornar-se um princípio da sociabilidade e que, portanto, o direito pode se desdobrar em instância efetiva de regulação social. Aqui, a circulação mercantil operada por meio da subjetividade jurídica é, então, instaurada como uma mediação do processo produtivo de exploração do mais-valor e de valorização do valor. Essa situação é denominada por Marx de *subsunção real do trabalho ao capital*:

> com a instauração do modo de produção especificamente capitalista – como resultado da subsunção real do trabalho ao capital –, o trabalho se torna realmente abstrato, simples dispêndio de energia laborativa indiferenciada, ele se torna completamente homogêneo, perdendo qualquer resquício de qualidade. Assim, totalmente quantificável, ele pode ser comparado a qualquer outro

---
123 MARX, Karl. *O Capital*. Livro I. São Paulo: Boitempo, 2013, p. 250-251.

trabalho, e o homem adquire essa condição extraordinária de equivalência viva, isto é, da mais absoluta igualdade. A sua vontade não é mais um atributo para a fabricação da mercadoria, mas tão somente o modo subjetivo de operar os mecanismos do sistema de máquinas no processo de trabalho capitalista. Aqui, o despotismo de fábrica encontra e se confunde com a liberdade burguesa da esfera da circulação: o homem é livre para criar valor que pertence a outrem e sua vontade é autônoma para se sujeitar a movimentos e gestos comandados pela imensa maquinaria do capital.[124]

Assim, pode-se dizer do direito, no que excede a esfera da legalidade e da aparelhagem de Estado, que é uma relação social abstrata entre sujeitos trocadores de mercadorias, livres e iguais, uma forma social de "equivalência subjetiva autônoma", "uma relação de equivalência na qual os homens estão reduzidos a uma mesma unidade comum de medida em decorrência de sua subordinação real ao capital".[125] O direito, portanto, não é uma ilusão, sendo também irredutível à normatividade jurídica. Ele é um conjunto de *relações e práticas reais* criadas na esfera da circulação mercantil com base nas quais a ideologia jurídica é erigida, que encarnam em aparelhos que funcionam dentro e fora de uma legalidade concebida a partir dessa ideologia. Eis o "lado de fora" sobre o qual insistimos acima.

Se isso for correto, poderemos nos remeter à primeira parte deste trabalho, na qual debatemos o processo extraeconômico da formação da força de trabalho como um dos momentos decisivos da reprodução das relações de produção. Dissemos que cabia à ideologia burguesa formar trabalhadores aptos e obedientes, transformar os indivíduos em portadores de força de trabalho. Agora chegamos ao ponto

---

[124] NAVES, Márcio Bilharinho. *A Questão do Direito em Marx*. São Paulo: Outras Expressões/Dobra Universitária, 2014, p. 87.
[125] Id., Ibid.

em que é possível agregar mais um componente a essa definição: a subjetividade jurídica.

Para ser um trabalhador capitalista, não basta que o indivíduo seja dotado de capacidade técnica e subserviência, havendo necessidade de que ele assuma a forma de um sujeito de direito, proprietário de sua força de trabalho, capaz vendê-la livremente no mercado em condições de igualdade formal. Pois no capitalismo plenamente estabelecido os trabalhadores não são, via de regra, pegos a força e distribuídos às suas posições produtivas, mas antes vão eles mesmos oferecer-se ao patrão para serem empregados – eles precisam "funcionar por si mesmos".[126]

Isso nos leva, contudo, a, como diz Balibar, pensar o processo da forma mercadoria e do seu fetichismo como realização de uma subjetividade autônoma.[127] No entanto, a sua efetivação depende sempre da mobilização da instância psíquica do sujeito responsável pela formação e manifestação da sua vontade. Desse modo, a dialética entre circulação e imaginário obriga-nos a retomar o debate sobre o estatuto do Aparelhos Ideológicos de Estado. Afinal, qual seria o lugar de fato da interpelação subjetivante e de que modo as práticas materiais da circulação mercantil poderiam aceder à representação social dos indivíduos?

Pressentindo essa dificuldade, Althusser diz o seguinte sobre o funcionamento dos AIE:

> Com efeito, para compreender o novo conceito que propomos (Aparelhos Ideológicos de Estado), é necessário admitir o seguinte fato paradoxal: não são as instituições que 'produzem' as ideologias correspondentes; pelo contrário,

---

126 Kashiura insiste muito no "funcionar por si mesmo" do sujeito de direito na esfera produtiva como característica decisiva da especificidade da categoria ideológica de sujeito: KASHIURA JR., Celso Naoto. Sujeito de Direito e Interpelação Ideológica: Considerações Sobre a Ideologia Jurídica a partir de Pachukanis e Althusser. *Revista Direito e Práxis*, Rio de Janeiro, n. 10, vol. 6, 2015, p. 49-70.
127 BALIBAR, Étienne. *A Filosofia de Marx*. Rio de Janeiro: Zahar, 1995, p. 83.

são *determinados elementos de uma Ideologia (a Ideologia de Estado) que 'se realizam' ou 'existem' em instituições correspondentes, e suas práticas.*[128]

Extrai-se daí que *não* são os aparelhos ideológicos que produzem as ideologias que eles difundem, mas que são aspectos de uma ideologia (a ideologia dominante, i.e., burguesa) que se realizam nas suas práticas. Isso nos dá a abertura necessária para pensar a relação entre o direito como prática da circulação capitalista e a aparelhagem ideológica do Estado.

Em *Sobre a Dialética Histórica*[129] Balibar objeta o desenvolvimento por Marx de uma teoria do fetichismo da mercadoria. Segundo o autor, essa elaboração seria "marcada pelo idealismo na medida em que ela não permitiria teorizar o funcionamento superestrutural da ideologia (...) tal como ela se reproduz nas instituições e nos aparelhos".[130] Ao conectar diretamente sujeito e mercadoria, Marx elidiria a problemática da existência material hierarquizada da ideologia nos rituais e práticas dos aparelhos de Estado, tornando-a efeito direto da circulação. No entanto, o que a citação de Althusser deixa como possibilidade e Thévenin pode afirmar enfaticamente, é que justamente no conceito de fetichismo estaria uma "teoria da gênese da ilusão ideológica [capitalista], permitindo compreender a noção de sujeito como noção ideológica diretamente saída do processo da mercadoria, isto é, do processo de valor de troca".[131] Assim, a mercadoria como momento-chave da valorização do valor não só *exigiria* a ilusão ideológica da subjetividade, como seria responsável pela sua produção "espontânea". É exatamente aqui

---

128 ALTHUSSER, Louis. *Sur la Reproduction.* Paris: PUF, 1995, p. 113.
129 BALIBAR, Étienne. Sur la Dialectique Historique. In: *Cinq Études du Matérialisme Historique.* Paris: François Maspero, 1994.
130 THÉVENIN, Nicole-Édith. Ideologia Jurídica e Ideologia Burguesa (Ideologias e Práticas Artísticas). In: NAVES, Márcio Bilharinho (Org.). *Presença de Althusser.* Campinas: Instituto de Filosofia e Ciências Humanas, 2010, p. 74.
131 Ibid., p. 75.

que reside a questão da especificidade da subjetividade a que nos reportamos: a economia capitalista tem no sujeito de direito, livre promotor da sua submissão às relações de exploração, um de seus pressupostos. Para a autora, esse tipo de proposição não só não torna dispensável a teoria dos aparelhos ideológicos, como dá as bases para uma nova teorização da "dialética infraestrutura/superestrutura" – já que a existência de uma ideologia na base poria em xeque o modelo geral dessa articulação. Com isso, a própria questão dos Aparelhos Ideológicos *de Estado* poderia ser recolocada. Como dissemos, seu caráter "estatal" não tem a ver com seu pertencimento à esfera pública, mas com a unidade da ideologia que secretam. Nesse sentido, os Aparelhos Ideológicos de Estado seriam os responsáveis por um rebatimento político de uma série de ideologias secretadas pelas diversas práticas sociais materiais, funcionando como uma máquina geral de elaboração ideológica, e não como produtora em sentido estrito dessas ideologias. Contudo, esse rebatimento, para as diversas práticas, estaria necessariamente associado à figura nuclear do sujeito de direito, já que é esse o *modelo de subjetividade* necessariamente emergente do processo de circulação e, portanto, de produção mercantil.

Assim, o raciocínio sobre a relação entre o direito da circulação mercantil e a ideologia jurídica pode se encerrar da seguinte maneira. O processo geral de trocas é ao mesmo tempo econômico e ideológico – ele movimenta valores e representações: "o Direito, que fixa as formas de funcionamento do conjunto das relações sociais, torna eficaz, no mesmo momento, a Ideologia Jurídica".[132] Essas representações espontâneas, contudo, se materializariam de modo sistematizado e elaborado em aparelhos ideológicos – os aparelhos "trabalham" sobre elas –, que são os responsáveis pela interpelação

---

132 EDELMAN, Bernard. *Le Droit Saisi par la Photographie*. Paris: Flammarion, 1973, p. 104.

que constitui a esfera psíquica da subjetividade e que cria um agente que se submete livremente às relações de exploração. Pois, se a categoria do sujeito de direito encontra sua gênese na circulação, os indivíduos humanos são sujeitos muito antes de se engajarem em relações econômicas. Isso ocorre porque já no seio da família as determinações da subjetividade livre e igual tornam-se a estrutura de representação imaginária que os sujeitos fazem da sua relação com o mundo. Essa indicação nos ajuda a ver que, embora as diversas classes se relacionem com ramos diferentes da aparelhagem ideológica (como no caso das escolas para ricos e escolas para pobres), e por isso têm referências pré-constituídas diversas para o processo psíquico da representação – donde decorreria a diferença de classe das ideologias – a ideologia jurídica está onipresente, como base subjacente de todos eles. A ideologia jurídica formata todas as outras ideologias a partir da forma e do conteúdo da subjetividade. É por isso que Thévenin pode dizer que "todos os 'sujeitos' em ação nas ideologias da ideologia dominante são apenas formas diversas de um mesmo sujeito, o sujeito jurídico".[133] Ou seja, são agentes que funcionam autonomamente, *submetendo-se livremente* às diversas tendências da ideologia moral, religiosa, estética etc. Assim, por exemplo, a categoria de sujeito de direito faz sua aparição na esfera política *stricto sensu* sob o signo do cidadão interpelado pela ideologia democrática, ou do humanismo, no campo filosófico.

Deste modo, o processo de submissão à linguagem e de identificação com um conjunto específico de crenças opera como interpelação no capitalismo sob a forma e o conteúdo da subjetividade jurídica: "se é verdade que toda a ideologia interpela os indivíduos como sujeitos, o conteúdo concreto/ideológico

---

133 THÉVENIN, Nicole-Édith. O Itinerário de Althusser. In: NAVES, Márcio Bilharinho (Org.). *Presença de Althusser*. Campinas: Instituto de Filosofia e Ciências Humanas, 2010, p. 26.

da interpelação burguesa é o seguinte: o indivíduo é interpelado como encarnação das determinações do valor de troca".[134] A instância ideológica do Sujeito (o sujeito suposto crer) materializada no sistema de aparelhos ideológicos de Estado, com a qual o indivíduo identifica-se imaginariamente, é a própria ordem da circulação mercantil, sistematizada pela existência concreta dos aparelhos ideológicos e a multiplicidade dos seus discursos.

O processo de totalização ideológica seria, então, um processo de extensão da vontade que é a determinação da liberdade e da igualdade da esfera mercantil – que põe em segundo plano a realidade do mais-valor extraído na esfera da produção. Aqui, portanto, o indivíduo não veria que ao realizar a sua vontade, a sua liberdade e a sua igualdade na circulação, ele realiza ao mesmo tempo sua submissão e a sua desigualdade na esfera produtiva: "O processo do valor de troca, criando a liberdade e a igualdade produz assim, num mesmo movimento, a ilusão necessária de que a liberdade e a igualdade são realmente efetivas. E melhor ainda: esta 'ilusão' nada mais é do que o reflexo das contradições reais do sistema do valor de troca: ele não pode realmente 'produzir' uma verdadeira liberdade nem uma verdadeira igualdade".[135]

Simultaneamente, a subjetividade jurídica seria imposta como evidência à medida que o valor e suas determinações – a liberdade, a igualdade, a propriedade –, que são relações historicamente erigidas correspondentes a um dado modelo de estruturação das formações sociais, aparece como a substância eterna e imutável das mercadorias e dos indivíduos. As formas exteriores de funcionamento da esfera da circulação, mercadoria, sujeito de direito, valor, apareceriam, portanto, como inatas, e os imperativos de reprodução do capital se confundiriam com toda a natureza dos homens e das suas sociedades.

---

134 EDELMAN, Bernard. *Le Droit Saisi par la Photographie*. Paris: Flammarion, 1973, p. 111.
135 Ibid., p. 109.

Se isso estiver correto, deve-se rever a pertinência do conceito de sujeito na teoria da ideologia em geral. Uma vez que nos modos de produção pré-capitalistas – escravagista, feudal, colonial – as relações econômicas não dependiam da vontade livre dos produtores diretos, sendo antes caracterizadas por modalidades de trabalho compulsório e mesmo forçado, a subjetividade – como categoria derivada do sujeito de direito – não poderia ter lugar como estrutura ideológica dominante. Isso porque, tais formas econômicas não continham em si qualquer tipo de representação ideológica *direta* da vontade dos indivíduos para o seu funcionamento: a submissão dos explorados aparecia ali nua e crua. Não era necessário que o indivíduo "funcionasse por si só", do ponto de vista da determinação geral da reprodução. Neste caso, a existência da ideologia responderia ao efeito de totalização impulsionado pelo desejo de sentido dos homens, que encontrava reverberação em aparelhos ideológicos específicos, como, por exemplo, a religião católica no feudalismo europeu. Ali, toda a opacidade da inserção do indivíduo no mundo, o seu desconhecimento da causalidade física, do lugar da terra no universo, era preenchido por relações imaginárias com o sistema doutrinário dos aparelhos religiosos e os modos específicos de postar-se diante deles.

4.6. Relação jurídica, ideologia jurídica, aparelho jurídico, legalidade jurídica e interpretação jurídica

Após essa retomada crítica do pensamento de Althusser sobre a relação entre o direito e o modo de produção capitalista, podemos contar com uma série de conceitos que servem para forjar uma definição do jurídico no autor. Se, por um lado, Althusser nunca pretendeu oferecer uma interpretação sistemática do direito, por outro, sua proposta de refletir os principais momentos da reprodução social capitalista o levou a formular uma problemática na qual a prática jurídica encontra espaço e conceitos para ser elaborada. Neste tópico, portanto, a título de encerramento, pretenderemos retomar, por questão de clareza, a ordem de ligação entre os conceitos levantados pelo autor.

Tomando como ponto de partida "o lado de fora do direito", isto é, as relações jurídicas e a ideologia jurídica – que em muitos momentos se confundem, já que na sua problemática o conceito de ideologia tem o papel de constituir os laços sociais entre os sujeitos –, podemos refletir o papel constituinte do direito relativamente às relações de produção. Aqui, a ideologia jurídica enquanto ideologia da liberdade e da igualdade dos sujeitos proprietários de mercadorias é situada no umbral entre base e superestrutura da metáfora do modo de produção, tornando indiscernível em que medida se tratam de relações efetivamente econômicas ou relações de natureza estritamente ideológica. Tal indistinção exigiria de Althusser que desse consequência a seu anunciado abandono da tópica. Este esquema só readquiriria sentido à medida que passássemos a cuidar da prática jurídica em sentido estrito, tal como encarnada nos aparelhos jurídicos e judiciários, instância político-ideológica a funcionar sob a lógica específica de uma legalidade codificada e seus princípios próprios de interpretação e operacionalização.

Com isso, o direito em Althusser pode ser definido como uma realidade transversal ao modo de produção capitalista, que cuida tanto da composição das relações de exploração, quanto da sua garantia por meio da repressão. Assim, entre a dimensão da legalidade jurídica (ênfase ao Código Civil) e da ideologia/relação jurídica haveria uma sobreposição, no sentido de que ambas funcionariam como balizas da liberdade dos sujeitos capitalistas para agirem no mundo. Paralelamente a isso, a legalidade jurídica (ênfase ao Código Penal) funcionaria também, junto à interpretação jurídica, como lógica discursiva imanente aos aparelhos jurídicos, a orquestrar e dar sentido à dimensão repressiva geral do Estado capitalista, a operar como sistema de garantia geral da ordem burguesa.

Nisso o autor pode se apresentar como ponto de retomada dos debates clássicos da teoria geral do direito, em contraposição a autores como Kelsen e Schmitt, bem como apresentar um enfoque de natureza "sociológica" dos fenômenos jurídicos. Nesse sentido, por menos ambiciosa que seja sua teorização a respeito do direito, temos que ela é capaz de forjar uma problemática geral no interior da qual o direito poderia ser encarado nos seus diversos níveis de abstração, bem como nas diversas funções que é obrigado a assumir na conformação e reprodução do modo de produção capitalista, o que o poria em posição de um ponto de partida útil para um enfrentamento crítico do direito como ideal abstrato e como conjunto de práticas.

CONCLUSÃO

Ao cabo deste livro, o leitor terá notado que ele não fala, nem poderia, apenas sobre direito. Isso se justifica, em certa medida, por algo dito já na introdução: Althusser não é um filósofo do direito, de modo que suas posições sobre o tema precisaram ser buscadas em textos que apreciam prioritariamente outros assuntos, nos quais o jurídico aparecia, em muitos casos, como parte de argumentações mais gerais e também enfeixando conclusões. Além disso, contudo, ao ler os seus trabalhos e situá-los em nossa própria conjuntura de estudos e recepção, foi inevitável formular posicionamentos a respeito da evolução de sua obra e de contribuições e limites teóricos mais amplos. Nesse sentido, por maior o distanciamento tentado em relação à sua obra como objeto de análise, foi impossível não deixar transparecer a influência de seu pensamento sobre meus próprios posicionamentos a respeito da filosofia, do marxismo e da crítica do direito. O que proponho a seguir é, portanto, um sumário das posições gerais a que cheguei com a leitura e pesquisa sobre sua obra, ressaltando o que me parece ser digno de retenção em termos de filosofia do direito.

De pronto, o que ressalto é que, diferentemente daqueles que interpretam a evolução do pensamento althusseriano como um desmanche do seu sistema teórico original, consistente no abandono da ciência e na capitulação diante de uma filosofia do puro acontecimento desligada do pensamento sobre as determinações objetivas pelas relações sociais, tentei sustentar que ao longo dos anos e no interior dos processos de autocrítica, foram alvo de ataque, principalmente, o caráter teoricista e as suturas da filosofia, primeiro à ciência e depois à política, permanecendo vigente até o fim, portanto, o grosso de suas aquisições teóricas iniciais. O adensamento e a precisão crescente da análise sobre o humanismo, que tentei expor no capítulo 3, devem funcionar como um índice do modo como o ajustamento da concepção teórica de Althusser pôde produzir efeitos positivos na explicação de seus objetos prioritários.

Respondendo a outro conjunto de referências, grande parcela do esforço aqui empreendido voltou-se ao delineamento de um Althusser radicalmente antipositivista, no que tentei traçar uma linha de demarcação entre esta interpretação e a de uma certa vulgada muito difundida entre nós. Assim, se de um lado sustento a importância do conceito e da prática da ciência da história no interior do pensamento althusseriano, por outro busquei desfazer o nó que poderia ligá-lo a uma interpretação totalmente estranha a suas preocupações e à conceituação presente em seu dispositivo teórico – o que, no contexto de uma nova onda de interesse pela sua obra, já se dá a ver em número crescente em uma série de escritos.

Nesse movimento foi possível visualizar a transição de uma concepção epistemológica da filosofia como teoria das práticas teóricas para outra, apta a reconhecer as determinações políticas do afazer teórico, que culminou em combates abertos contra a teoria do conhecimento e sua fundamentação jurídica. Os liames construídos para essa passagem, entretanto, nos fizeram ver que, muito longe de indicar uma indecisão por parte do autor ora estudado, ela representa um esforço continuado de, mediante numerosas e variadas estratégias, renovar o instrumental do que considerava ser a teoria revolucionária pelo enfrentamento aos seus principais inimigos que, em última instância, remontariam à posição burguesa em política e às configurações ideológicas e filosóficas daí relevantes.

E é no bojo desse confronto que a dimensão mais propriamente jurídica do presente trabalho entra em cena, justificando--o. Ao longo de nossa exposição nos deparamos em três ocasiões com o desvendamento por parte de Althusser da conexão entre a prática do direito, o imaginário a ele correlato e a reprodução geral do sistema capitalista. No primeiro caso, trabalhado no capítulo 2, a ideologia jurídica apareceu sob a forma da "questão do conhecimento" e da sua resolução por meio da soldagem entre o conceito filosófico de Sujeito e a objetividade do conhecimento. Ali vimos como, na visão do autor, a filosofia burguesa, fazendo suas as categorias que operam concretamente na prática do direito, impõe à ciência uma provação que não tem por função senão subjugá-la à posição de classe da qual aquela seria portadora. Contra isso pudemos ver Althusser mobilizar certo nominalismo de matriz espinosana, cuja implicação essencial seria o rechaço a todo problema da garantia, mediante a instauração da verdade como índice de si mesma do falso.

A segunda aparição da temática jurídica se deu quando da análise do humanismo teórico marxiano e das condições reais de sua existência. Aí, depois de associar a ideologia do Homem com os motivos de certa concepção religiosa do mundo, Althusser tem ocasião de perceber, no contexto de uma querela contra John Lewis e da investigação sobre os eventos que impulsionaram sua forma de pensar, o papel nodal desempenhado pela ideologia jurídica, pensada sob o par humanismo-economicismo, como base ao mesmo tempo de justificação e de constituição da sociedade burguesa e da filosofia que visa conservá-la.

Por fim, o terceiro ponto de tratamento do direito diz respeito ao seu lugar e função na reprodução do modo de produção capitalista. Assim, no quarto capítulo abordamos o objeto jurídico a partir de uma definição multifacetada, enquanto legalidade, aparelho, ideologia e relação. Nesse sentido pudemos constatar os potenciais e os limites do pensamento althusseriano sobre a prática jurídica em sentido estrito, ressaltando que esta permanece em uma série de aspectos ainda descritiva, apesar de oferecer, pela análise dos seus lapsos e sintomas, possibilidades importantes de avanços. Aqui, parafraseando o próprio Althusser, se dissemos algo que não estava em seu texto, foi com o objetivo de *fazê-lo falar* sobre pontos sintomáticos presentes nele.

Espero que esta empreitada de escrita e leitura possa ter se revelado proveitosa sobretudo em termos de interlocução especializada a respeito dos caminhos teóricos a serem seguidos pela crítica radical do direito. Longe de todo sectarismo, o que pretendi com essa revalorização do pensamento althusseriano foi expor o que me pareceram ser os fundamentos de sua visão de mundo e o que entendi como uma justa hostilidade à ideologia jurídica, nas diversas formas que assume em teoria. Dessa perspectiva, pretendi contribuir à consolidação da crítica do direito como campo legítimo e fértil de estudos acadêmicos e militantes, esperando que a circulação desta obra possa fomentar um espaço de críticas rigorosas e atitudes teóricas insurgentes de todos os matizes.

REFERÊNCIAS

ALTHUSSER, Louis. Teoria, Prática Teórica e Formação Teórica. Ideologia e Luta Ideológica. In: *Teoria Marxista e Análise Concreta*: Textos Escolhidos de Louis Althusser e Étienne Balibar. São Paulo: Expressão Popular, 2017, p. 27-82.
_____. *Por Marx*. Campinas: Unicamp, 2015.
_____. *A Corrente Subterrânea do Materialismo do Encontro*. In: *Crítica Marxista*, n. 30, 2010.
_____. *Sobre a Reprodução*. Petrópolis: Vozes, 2008.
_____. Letter to the Central Committee of the PCF, 18 March 1966. In: *Historical Materialism 15*, 2007, p. 153-179.
_____. A Querela do Humanismo II. In: *Crítica Marxista*, n. 14, São Paulo: Boitempo, 2002.
_____. A Querela do Humanismo. In: *Crítica Marxista*, n. 9, São Paulo: Xamã, 1999.
_____. *Sur la Reproduction*. Paris: PUF, 1995.
_____. L'Unique Tradition Matérialiste. In: *Lignes*, n.18, 1993.
_____. *O Futuro Dura Muito Tempo*. São Paulo: Companhia das Letras, 1993.
_____. *A Transformação da Filosofia*. Seguido de Marx e Lênin perante Hegel. São Paulo: Mandacaru, 1989.

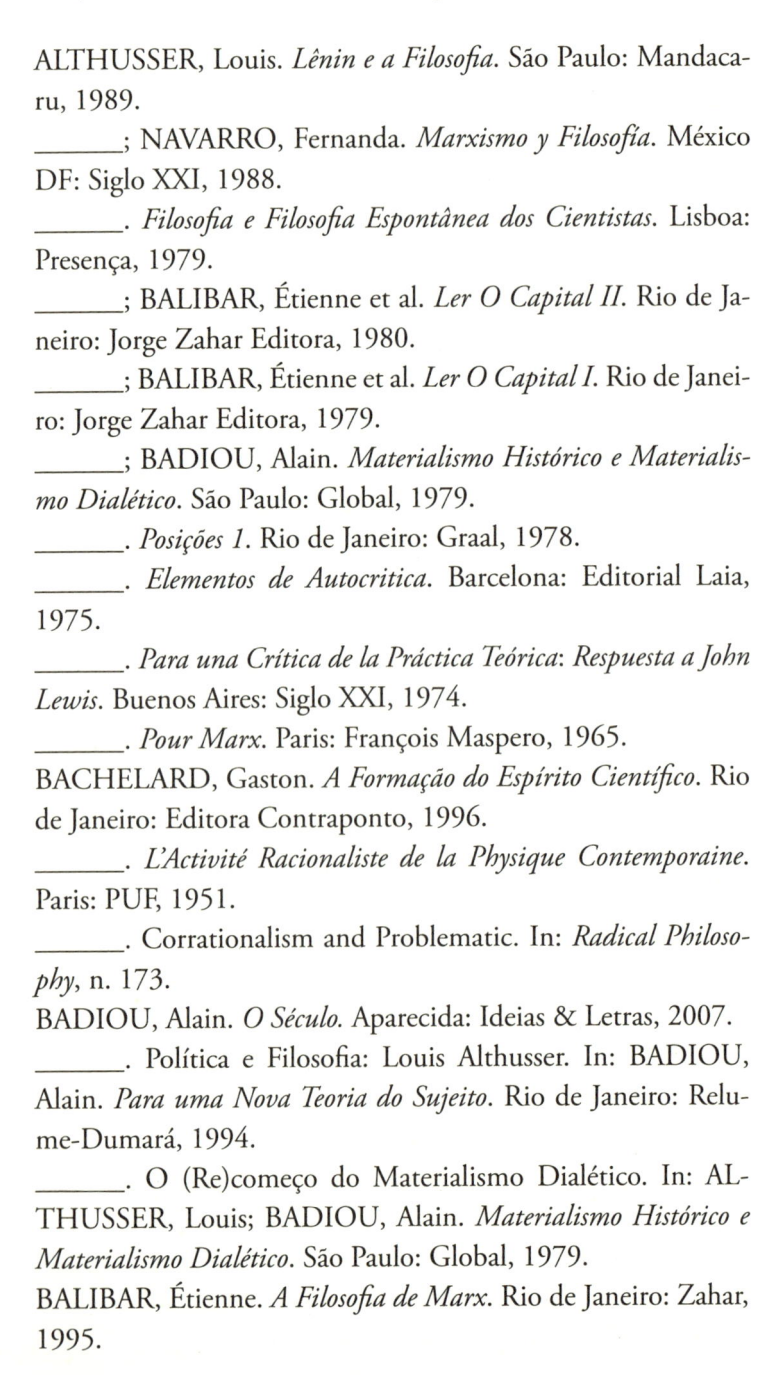

ALTHUSSER, Louis. *Lênin e a Filosofia*. São Paulo: Mandacaru, 1989.

_____; NAVARRO, Fernanda. *Marxismo y Filosofía*. México DF: Siglo XXI, 1988.

_____. *Filosofia e Filosofia Espontânea dos Cientistas*. Lisboa: Presença, 1979.

_____; BALIBAR, Étienne et al. *Ler O Capital II*. Rio de Janeiro: Jorge Zahar Editora, 1980.

_____; BALIBAR, Étienne et al. *Ler O Capital I*. Rio de Janeiro: Jorge Zahar Editora, 1979.

_____; BADIOU, Alain. *Materialismo Histórico e Materialismo Dialético*. São Paulo: Global, 1979.

_____. *Posições 1*. Rio de Janeiro: Graal, 1978.

_____. *Elementos de Autocritica*. Barcelona: Editorial Laia, 1975.

_____. *Para una Crítica de la Práctica Teórica: Respuesta a John Lewis*. Buenos Aires: Siglo XXI, 1974.

_____. *Pour Marx*. Paris: François Maspero, 1965.

BACHELARD, Gaston. *A Formação do Espírito Científico*. Rio de Janeiro: Editora Contraponto, 1996.

_____. *L'Activité Racionaliste de la Physique Contemporaine*. Paris: PUF, 1951.

_____. Corrationalism and Problematic. In: *Radical Philosophy*, n. 173.

BADIOU, Alain. *O Século*. Aparecida: Ideias & Letras, 2007.

_____. Política e Filosofia: Louis Althusser. In: BADIOU, Alain. *Para uma Nova Teoria do Sujeito*. Rio de Janeiro: Relume-Dumará, 1994.

_____. O (Re)começo do Materialismo Dialético. In: ALTHUSSER, Louis; BADIOU, Alain. *Materialismo Histórico e Materialismo Dialético*. São Paulo: Global, 1979.

BALIBAR, Étienne. *A Filosofia de Marx*. Rio de Janeiro: Zahar, 1995.

BALIBAR, Étienne. Sur la Dialectique Historique. In: *Cinq Études du Matérialisme Historique*. Paris: François Maspero, 1994.

_____. L'Objet d'Althusser. In: LAZARUS, Sylvain (Org.). *Politique et Philosophie dans l'Œuvre de Louis Althusser*. Paris: PUF, 1993.

_____. Sobre os Conceitos Fundamentais do Materialismo Histórico III. Da Reprodução. In: ALTHUSSER, Louis; BALIBAR, Étienne. *Ler O Capital II*. Rio de Janeiro: Zahar, 1980.

_____. From Bachelard to Althusser: the Concept of the Epistemological Break. In: *Economy and Society*, 7, 3, 1978.

_____. Sur les Concepts Fondamentaux du Matérialisme Historique. In: ALTHUSSER, Louis; BALIBAR, Étienne. *Lire Le Capital II*. Paris: François Maspero, 1969.

BARBOSA FILHO, Fábio Ramos. *Althusser, Pêcheux e as Estruturas do Desconhecimento*. VI SEAD – Seminário de Estudos de Análise do Discurso. Comunicação proferida em 18 out. 2013.

BENTON, Ted. Discussion: Rancière on Ideology. In: *Radical Philosophy* 9, inverno de 1974.

BOUTANG, Yann Moulier. Le Matérialisme comme Politique Aléatoire. In: *Multitudes*, 2005/2, n. 21.

_____. *Althusser: une Biographie*. Paris: Bernard Grasset, 1992, 2 t.

DEMICHEL, Francine. Althusser et le Droit. In: LAZARUS, Sylvain (Org.). *Politique et Philosophie dans l'Œuvre de Louis Althusser*. Paris: PUF, 1993.

DERRIDA, Jacques. Carta de Derrida a Althusser de 1 de setembro de 1964. In: PEETERS, Benoît. *Derrida: a Biography*. Cambridge: Polity Press, 2013.

EDELMAN, Bernard. *Le Droit Saisi par la Photographie*. Paris: Flammarion, 1973.

ENGELS, Friedrich. Ludwig Feuerbach e o Fim da Filosofia Clássica Alemã. In: ENGELS, Friedrich; MARX, Karl. *Obras escolhidas: volume 3*. São Paulo: Editora Alfa-Ômega, s/d.

ESTOP, Juan Domingo Sánchez. Althusser's Paradoxical Legal Exceptionalism. In: SUTTER, Laurent de (Org). *Althusser and Law*. Nova Iorque: Routledge, 2013.

EVANGELISTA, Walter José. Althusser e a Psicanálise. In: ALTHUSSER, Louis. *Freud e Lacan. Marx e Freud*. Rio de Janeiro: Editora Graal, 1991.

FEUERBACH, Ludwig. *A Essência do Cristianismo*. Petrópolis: Editora Vozes, 2007.

FOUCAULT, Michel. Nietzsche, Freud, Marx. In: *Arqueologia das Ciências e História dos Sistemas de Pensamento*. Rio de Janeiro: Forense Universitária, 2000.

FREUD, Sigmund. *A Interpretação dos Sonhos*. vol. V. Rio de Janeiro: Imago, 1996.

GAINZA, Mariana Cecilia de. Zizek y Althusser. Vida ou Morte da Leitura Sintomática. In: *Revista de Economia Política e História Econômica*, n. 11, janeiro de 2008.

GILLOT, Pascale. *Althusser e a Psicanálise*. São Paulo: Ideias & Letras, 2018.

GOSHGARIAN, G. M. Introduction. In: ALTHUSSER, Louis. *The Humanist Controversy and Other Writings*. Londres: Verso, 2003.

ÍPOLA, Emílio de. *Althusser, el Inifinito Adiós*. Buenos Aires: Siglo XXI Editores, 2007.

JANEIRA, Ana Luísa. Ruptura Epistemológica, Corte Epistemológico e Ciência. In: *"Análise Social"*, 9 (34) abr.-jun., Lisboa, 1972, p. 629-644.

KAPLAN, Ann; SPRINKER, Michael (Org.). *The Althusserian Legacy*. Londres: Verso, 1993.

KASHIURA JR., Celso Naoto. Sujeito de Direito e Interpelação Ideológica: Considerações sobre a Ideologia Jurídica a partir de Pachukanis e Althusser. In: *Revista Direito e Práxis*, vol. 6, n. 10, Rio de Janeiro, 2015, p. 49-70.

KELSEN, Hans. *Teoria Pura do Direito*. São Paulo: Martins Fontes, 1998.

KHRUSHCHEV, Nikita. *Informe secreto al XX Congreso del PCUS*, 2006. Disponível em: <www.marxists.org/espanol/khrushchev/1956/febrero25.htm>. Acesso em 07 jul. 2018.

LACAN, Jacques. *Écrits*. Paris: Seuil, 1966.

LECOURT, Dominique. *Marxism and Epistemology*. Londres: NLB, 1975.

LEWIS, John. The Case Althusser. In: *Australian Left Review*, 1(37), 1972, p. 26.

LEWIS, William S. Althusser on Laws Natural and Juridical. In: SUTTER, Laurent de (Org.). *Althusser and Law*. Nova Iorque: Routledge, 2013.

_____. *Louis Althusser and the Traditions of French Marxism*. Nova Iorque: Lexington, 2005.

_____. Editorial Introduction to Louis Althusser's 'Letter to the Central Committee of the PCF, 18 March 1966'. In: *Historical Materialism 15*, 2007.

LUCRÉCIO. Da Natureza. In: *Epicuro, Lucrécio, Cícero, Sêneca, Marco Aurélio*. São Paulo: Abril Cultural, 1973.

MAGALHÃES, Juliana Paula. A Polêmica sobre o Humanismo no Partido Comunista Francês. In: *Marxismo, Humanismo e Direito: Althusser e Garaudy*. São Paulo: Ideias & Letras, 2018.

MAO TSE-TUNG. *Sobre a Prática e Sobre a Contradição*. Expressão Popular: São Paulo, 1999.

MARX, Karl. *O Capital*. Livro 1. São Paulo: Boitempo, 2013.

_____; ENGELS, Friedrich. *A Ideologia Alemã*. São Paulo: Boitempo, 2013.

_____. *Crítica da Filosofia do Direito de Hegel*. São Paulo: Boitempo, 2010.

_____. Introdução à Crítica da Filosofia do Direito de Hegel. In: MARX, Karl. *Crítica da Filosofia do Direito de Hegel*. São Paulo: Boitempo, 2010.

MARX, Karl. *Sobre a Questão Judaica*. São Paulo: Boitempo, 2010.
_____. *Contribuição à Crítica da Economia Política*. São Paulo: Expressão Popular, 2008.
_____. *Manuscritos Econômico-Filosóficos*. São Paulo: Boitempo, 2004.
_____. *O Capital*. Livro III. Tomo I. São Paulo: Nova Cultural, 1986.
_____. *Randglossen zu Adolph Wagners "Lehrbuch der politischen Ökonomie"*, 1897. Notes on Adolph Wagner's "Lehrbuch der politischen Ökonomie", 1879. 1881. Disponível em: <marxists.org/archive/marx/works/1881/01/wagner>.
_____. Teses sobre Feuerbach. In: MARX, Karl; ENGELS, Friedrich. *A Ideologia Alemã*. São Paulo: Martins Fontes, 1998, p. 99.
MASCARO, Alysson Leandro. *Estado e Forma Política*. São Paulo: Boitempo, 2013.
_____. *Filosofia do Direito*. São Paulo: Editora Atlas, 2012.
_____. *Crítica da Legalidade e do Direito Brasileiro*. São Paulo: Quartier Latin, 2008.
MATA, José Veríssimo Teixeira da. Althusser ou Marx sem Hegel. In: LOUREIRO, Isabel Maria; MUSSE, Ricardo (Org.). *Capítulos do Marxismo Ocidental*. São Paulo: Unesp, 1998.
MIÉVILLE, China. *Between Equal Rights. A Marxist Theory of International Law*. Leiden: Boston Brill, 2005.
MOCNIK, Rastko. Ideology and Fantasy. In: KAPLAN, Ann; SPRINKER, Michael. *The Althusserian Legacy*. Londres: Verso, 1993.
MONTAG, Warren. O Espectro de Althusser. In: *Lavrapalavra*, 2018. Disponível em: <https://lavrapalavra.com/2018/05/15/o-espectro-de-althusser>. Acesso em: 10 jul. 2018.
_____. Rancière's Lost Object. In: *Cultural Critique* 83.1, 2013, p. 139-155.
_____. The Threat of the Outside. In: SUTTER, Laurent de (Org). *Althusser and Law*. Nova Iorque: Routledge, 2013.

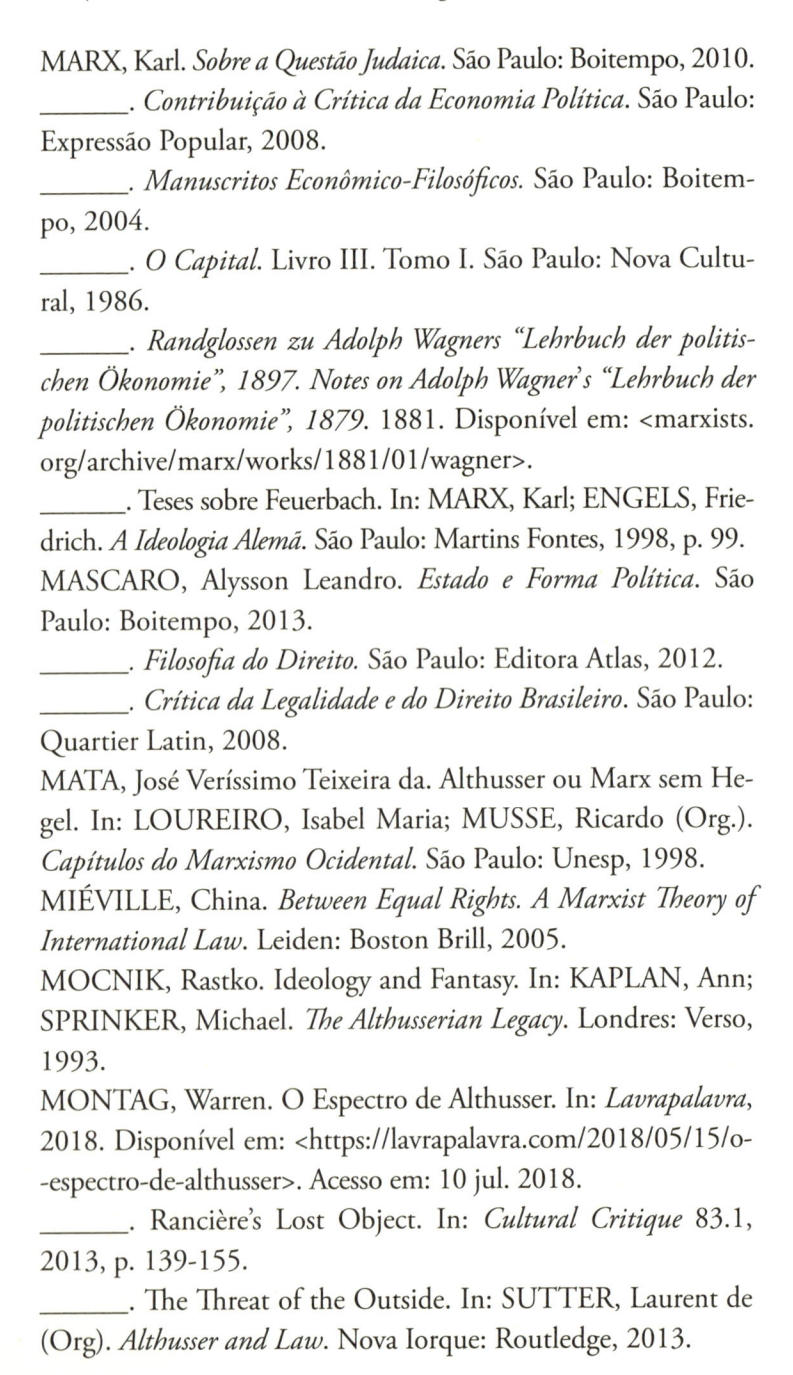

MONTAG, Warren. Introduction to Louis Althusser, *Student Problems*. In: *Radical Philosophy* 170, nov.-dez., 2011.
MORAES, João Quartim de. O Humanismo e o Homo Sapiens. In: *Crítica Marxista*, n. 21, 2005, p. 28-51.
MORFINO, Vittorio. O Primado do Encontro Sobre a Forma. In: *Crítica Marxista 23*, Revan, 2006.
MOTTA, Luiz Eduardo. *A Favor de Althusser: Revolução e Ruptura na Teoria Marxista*. Rio de Janeiro: Gramma, 2014.
NASCIMENTO, Joelton. Sobre a Crítica do Capitalismo em Decomposição. In: *Sinal de Menos*, n. 10, março de 2014.
NAVES, Márcio Bilharinho. *A Questão do Direito em Marx*. São Paulo: Outras Expressões/Dobra Universitária, 2014.
_____ (Org.). *Presença de Althusser*. Campinas: UNICAMP, IFCH, 2010.
PINHEIRO, Jair (Org.). *Ler Althusser*. Marília/São Paulo: Oficina Universitária/Cultura Acadêmica, 2016.
POULANTZAS, Nicos. *Poder Político e Classes Sociais*. São Paulo: Martins Fontes, 1986.
RANCIÈRE, Jacques. *La Lección de Althusser*. Buenos Aires: Galerna, 1975.
_____. *Sobre a Teoria da Ideologia: a Política de Althusser*. Porto: Portucalense, 1971.
SAINZ PEZONAGA, Aurelio. *Lucrecio y el Materialismo de lo Imaginario*. In: LOGOS. Anales del Seminario de Metafísica, vol. 46, 2013, p. 167-181.
SAMPEDRO, Francisco. A Teoria da Ideologia em Althusser. In: NAVES, Márcio Bilharinho (Org.). *Presença de Althusser*. Campinas: Instituto de Filosofia e Ciências Humanas/Unicamp, 2010.
SCHMITT, Carl. Teologia Política. In: SCHMITT, Carl. *A Crise da Democracia Parlamentar*. São Paulo: Scritta, 1996.
STIRNER, Max. *O Único e sua Propriedade*. Lisboa: Antígona, 2004.

THÉVENIN, Nicole-Édith. Ideologia Jurídica e Ideologia Burguesa (Ideologias e Práticas Artísticas). In: NAVES, Márcio Bilharinho (Org.). *Presença de Althusser*. Campinas: Instituto de Filosofia e Ciências Humanas/Unicamp, 2010.

_____. O Itinerário de Althusser. In: NAVES, Márcio Bilharinho (Org.). *Presença de Althusser*. Campinas: Instituto de Filosofia e Ciências Humanas/Unicamp, 2010.

_____. Sur Réponse à John Lewis ou les Yeux et la Mémoire. In: *Révisionnisme* et *Philosophie de l'Aliénation*. Paris: Christian Bourgois, 1977.

TRIGUEIRO, Michelangelo Giotto Santoro. *Uma Discussão sobre a Ciência e a Ideologia em Althusser*. Cad. Dif. Tecnol., n. 2, vol. 3, set.-dez., Brasília, 1985.

TURCHETTO, Maria. O Que Significa "Ciência da História"?. In: NAVES, Márcio Bilharinho (Org.). *Presença de Althusser*. Campinas: Instituto de Filosofia e Ciências Humanas/Unicamp, 2010.

_____. I "due Marx" e l'Althusserismo. In: BELLOFIORE, Ricardo (Org.). *Da Marx a Marx? Un Bilancio dei Marxismi Italiani del Novecento*. Manifesto Libri, 2007.

_____; MARCHI, Edoardo de; LA GRASSA, Gianfranco. *Per una Teoria della Società Capitalistica: la Critica dell'Economia Politica da Marx al Marxismo*. La Nuova Italia Scientifica, 1994.

_____; LA GRASSA, Gianfranco; SOLDANI, Franco. *Quale Marxismo in Crisi?*. Bari: Dedalo Libri, 1979.

_____; LA GRASSA, Gianfranco. *Dal Capitalismo alla Società di Transizione*. Milão: Franco Angeli Editore, 1978.

VICENZI, Glenda. Os Direitos Humanos como Interdição da Política. In: *Discenso*, n. 4, 2012, p. 161-176.

VINCENT, Jean-Marie. La Lecture Symptomale chez Althusser. In: *Sur Althusser Passages*. Futur Antérieur. Paris: Editions L'Harmattan, 1993.

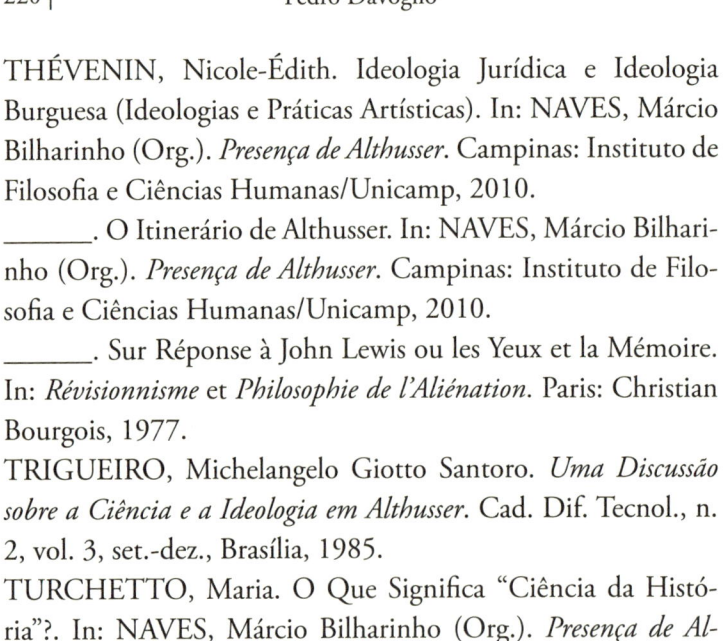